貿易から
読み解く
日中関係の真実

「中国なし」で生活できるか

丸川知雄
Tomoo Marukawa

PHP

はじめに――「中国なし」の生活は送れるのか

二〇〇八年一月二二日、中国で作られた冷凍ギョーザを食べた千葉県の五歳の女の子が、一時意識不明の重体に陥った。ほかにも、千葉県と兵庫県で計一〇人が中国産冷凍ギョーザを食べて、食中毒を起こしていたことが明らかになった。

原因は、冷凍ギョーザに極めて高い濃度の農薬「メタミドホス」が付着していたことだった。農薬の濃度から考えて、野菜の栽培の際に撒いた農薬が残留していたというレベルの問題ではなく、誰かが故意にギョーザに農薬を仕込んだとしか考えられない。誰が何の目的でそんなことをしたのかは分からないが、文字通り日本の消費者を狙った恐るべき「無差別テロ」である。

この事件を機に、それまで渦巻いていた中国製品、特に食品に対する不信感が頂点に達した。商店では中国製品を排除する動きが広がり、国民のあいだでは中国に対する感情までが悪化している。

思えば小泉純一郎政権のもとで、日本と中国の関係はずいぶん悪くなっていた。中国側は小泉元首相が靖国神社に繰り返し参拝したからだといい、日本側は中国の反日教育のせいだという。

安倍晋三政権になってからは、安倍元首相が結局在任中に靖国には一度も行かなかったこともあって、日中関係はだいぶ好転した。さらに福田康夫政権になると、中国の胡錦濤《こきんとう》国家主席が訪日するなど、日中関係は完全に正常な状態に戻った……はずだった。

ところが、日本国民に対して世論調査を行うと、相変わらず「日中関係は悪い」と回答する人が「日中関係は良い」とする人を大幅に上回っているのである(「日中共同世論調査」言論NPO、中国日報社)。胡錦濤国家主席は二〇〇八年五月の来日中、日本に対してたえず友好的な発言に終始したし、冷凍ギョーザ事件の真相解明のために日本と中国が協力することも約束した。早稲田大学では、福原愛選手と卓球をするパフォーマンスも見せてくれた。

胡錦濤主席の訪日に尽力した外務省の役人にしてみれば、「訪日がこれほど成功したのに、なぜ日本国民は日中関係が良くなったと評価してくれないのだろう」と悔しさを噛みしめていることだろう。日本人が「日中関係は悪い」と考える理由を突き詰めていくと、結局、冷凍ギョーザ事件以外に原因が考えられないのである。

ギョーザばかりではなく、気づいてみれば我々は数多くの中国製品に囲まれて生活している。衣装ケースをのぞけば、下着、パジャマ、スーツまで「中国製」。デジタルカメラもひっくり返して見れば「Made in China」だし、DVDプレーヤーもそうだ。台所をのぞけば、らっきょう、梅干し、キクラゲ、ピーナツ、ニンニクなどが中国製。

「こんなに中国製品に囲まれた生活をしていて私は大丈夫なのだろうか」と冷や汗が流れてきたので、手元にあったタオルで拭いた。おっと待った！　そのタオルもたぶん中国製である。

いやはや一体、我々はどれだけ中国製品に依存しているのだろうか。果たして日本において「中国なし」の生活は送れるのだろうか。本書では、いろいろな商品ごとに、中国からの輸入の実態を見ていきたいと思う。

丸川　知雄

二〇〇九年一〇月

目次　「中国なし」で生活できるか

～貿易から読み解く日中関係の真実～

はじめに――「中国なし」の生活は送れるのか　1

序章　日本と中国の貿易関係

■日本人が抱いている誤解　14
■急加速する中国との貿易関係　16
■中国からの輸入トップは意外な製品　19
■中国との貿易が活発化した背景　20
■「日日貿易」がもたらした恩恵　22
■中国が誇る安価で豊富な労働力　25
■高い技術を輸出する日本企業　28

第1章　食卓の主役は中国産？
～中国の食品は本当に危険なのか～

■中国産食品への依存――農産物　32

■産地偽装が起こるワケ　34
■中国産なくしては手に入りづらい食材　38
■世界中の松茸を食べ尽くす日本人　40
■世界の七割を占める中国産りんごジュース　44
■中国からの農産品が多いのはなぜか　47
■中国産食品への依存——水産物　50
■日中で相互に補い合う水産物　53
■危機が叫ばれる食料自給率の問題　56
■自給率を上昇させるには　59
■「自給率の上昇＝食料の安定供給」ではない　62
■中国のせいで日本の食卓からマグロが消える!?　65
■世界一マグロを食べている日本人　67
■「フードマイレージ」の誤解　70
■中国産食品は本当に危険なのか　73
■食品衛生法違反割合の低い中国産　75

■「国産品が安心」に根拠なし 78
■人体に害のない「事故米」騒動 80
■「汚染米」というなかれ 82
■家庭での無農薬栽培の落とし穴 85
■毒ギョーザ事件の本質 87
■毒ギョーザ事件から得られる教訓 89
■中国国内には存在しない「食の安全」 92
■中国国内で多発する食品衛生問題 95
■デマ情報に踊らされてはいけない 97
■歪んだ構造が生んだ牛乳へのメラミン混入問題 99
■農家とメーカーのあいだの深い溝 102

第2章 世界の衣服工場・中国
～「日本製」のなかに潜む中国製品～

■世界の衣服工場へと躍進した中国 108

■様変わりを遂げた中国の工場　110
■中国への依存度の高さは食品以上　113
■「衣服自給率」を問題視しない役所　115
■何を中国に依存しているのか　118
■「日本製」のなかの中国　121
■研修・技能実習制度の問題点　123
■中国への依存の高まりに抵抗したタオル業界　125

第3章　グローバル化するモノづくり
～電化製品・情報サービスに見る中国製品への依存～

■ノートパソコンまで中国製　130
■台湾メーカーの中国進出が契機に　134
■国内生産を続ける日本企業も　137
■家電製品における中国依存度　139
■輸入の大部分が日本メーカーのブランド　143

■人員の数がものをいう工場の作業 146
■設計も担うようになった中国企業 149
■今後増えていく中国製携帯電話 151
■高級オーディオを支える中国 154
■ソフトウェアと情報サービス 157
■中国製はどこに潜んでいるのか 159
■実力を高めてきたソフトウェア会社 162
■中国を上回るインドの状況 164
■中国のソフトウェア産業の今後 166

第4章 身の回りに溢れるMade in China
～家具・日用品輸入の知られざる実態～

■仏壇や家具も大半が中国製 172
■中国の家具の都――厚街鎮 176
■産業振興に積極的な地元政府 178

中国が家具の輸出大国になった理由 181
日本が中国にもたらした「割り箸」文化 183
割り箸の使用は森林破壊につながるのか 185
世界に目を向けるべき問題 187
中国に一極集中した玩具産業 189
おもちゃの入手は限りなく困難に 192
洋食器産業でも台頭する中国 195
産業集積地としての成長 198
自社ブランドの確立がカギ 200
雑貨を流通させる巨大市場 202

第5章 中国製の自動車が街を走る日
~日中自動車・オートバイ・自転車産業の行く末~

急拡大する中国の自動車産業 208
競争を繰り広げる外国メーカー 209

■政府の期待を裏切った国有メーカー　212
■常識破りの新興メーカーの狙い　214
■中国から自動車を輸入する日は来るのか　216
■中国で苦戦する日本のオートバイ　218
■日中で異なるオートバイの需要層　220
■中国への依存度が高い自転車　222
■世界的にも圧倒的シェアを誇る中国製　224

終章　中国への依存をどう考えるか

■日本と中国の相互依存　230
■すべての中国製品が危険なのか　232
■中国への依存は不可避　234
■中国の存在が日本経済を活性化させる　236

序章

日本と中国の貿易関係

日本人が抱いている誤解

〈質問〉日本の中国に対する輸入依存度はどれくらいでしょうか？

二〇〇七年一二月に、あるテレビ局の番組で、ディレクターがこういう質問を（私を含む）三人のコメンテーターに投げかけた。私以外の二人は、二人とも「三分の一」と回答した。私は大学での授業のときにも、この質問を中国からの留学生を含む大学院生たちに投げかけてみた。すると、だいたい二〇〜二五％という回答が返ってきた。

正解は「二・九％」である。この正解には多くの人が納得できないようで、私が理路整然とこれが正解であるゆえんを説明したあとも、テレビに出たほかのコメンテーターたちは「中国への輸入依存度は三分の一だ」といい続けた。

しかし「輸入依存度」という用語は経済学ですでに定義が確立しており、それは「輸入額÷国内総生産（ＧＤＰ）」である。二〇〇七年に日本が外国から輸入した総額は七三兆円。同じ年の日本の国内総生産は五一五兆円である。ここから日本の輸入依存度は一四％と計算される。質問は「中国に対する輸入依存度」だから、中国からの輸入額（一五兆円）を国内総生産で割ると、二・九%という答えが出てくるのだ。

身の回りに中国製品が溢れているという実感に比べて、意外に中国への輸入依存度は低い。なぜそうなるのか、二つのことを付け加えれば納得してもらえるかもしれない。

第一に、日本の国内総生産の七割はサービス業、不動産業、小売業などの第三次産業が生み出しており、ものを生み出す第一次産業、第二次産業は三割を占めるにすぎない。第三次産業が生み出すもの（サービス）は外国からほとんど輸入できないため、輸入額と国内総生産を比べると、後者のほうがずいぶん大きくなるのである。

第二に、我々が例えば一〇〇〇円出して「中国製」と書かれたものを買った場合、それは中国からの五〇〇円程度の輸入にしかならない。

なぜそうなるのか、衣服を例に説明しよう。あなたが一万円出して中国製の服を買ったとする。すると、そのうち三六〇〇円はあなたがその服を買った小売店の取り分となり、一五〇〇円はその小売店に服を卸した卸売業者の取り分となる。中国の縫製工場が受け取るのは材料費などみんな含めても、我々が払う額のせいぜい半分止まりなのである。

詳しいことは第2章で述べるが、一万円の「中国製」と書かれた服を買うということは、実は四九〇〇円の中国製衣服と、五一〇〇円分の日本国内で生み出されるサービスを買っているということなのだ。

急加速する中国との貿易関係

〈質問〉日本のもっとも重要な貿易相手国はどこでしょうか？

二〇〇六年までは、正解は「アメリカ」だった。戦後の日本にとって輸出でも輸入でも最大の貿易相手国はアメリカであり、一度も首位の座を明け渡したことがなかった。〈図表1〉に見るように、一九六〇年代から九〇年代までずっと、日本の輸出のうち三割前後はアメリカ向けだったし、〈図表2〉に見るように、一九七〇年代から九〇年代まで日本の輸入の二割前後がアメリカからだった。

ところが、一九九〇年代から中国からの輸入が増加し続けていたところに、二一世紀に入ってから中国向けの輸出も急増。いわゆる「中国特需」による好景気に日本が沸いた。思えば日本経済が中国特需のおかげもあって、好調を維持し続けた二〇〇一年から二〇〇六年の期間は、ちょうど小泉純一郎の首相在任期間にあたる。日中の外交関係は最悪の時期であったが、その一方で経済界は粛々《しゅくしゅく》と中国ビジネスを進めて潤っていたわけだ。まさ

＜図表1＞日本の輸出に占める割合

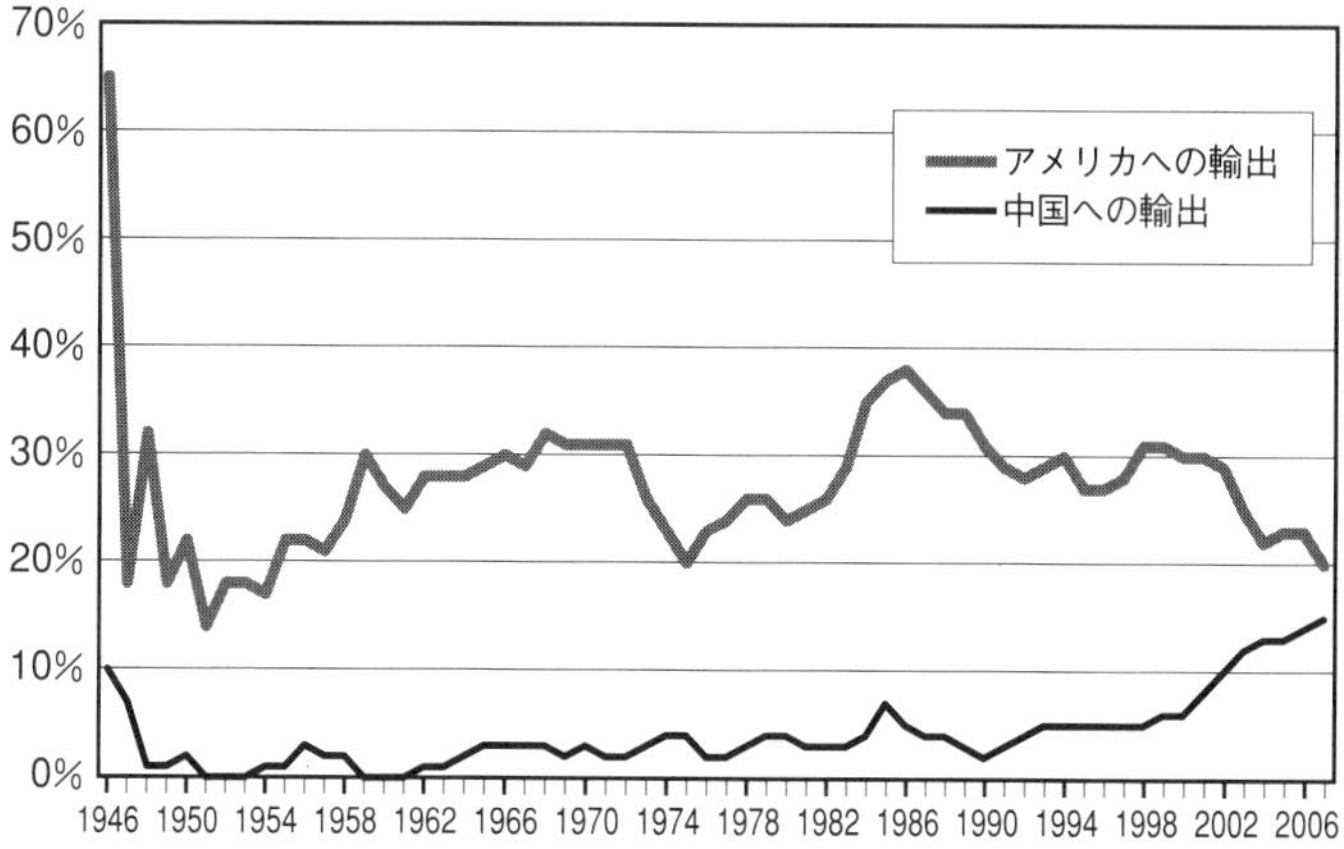

＜図表2＞日本の輸入に占める割合

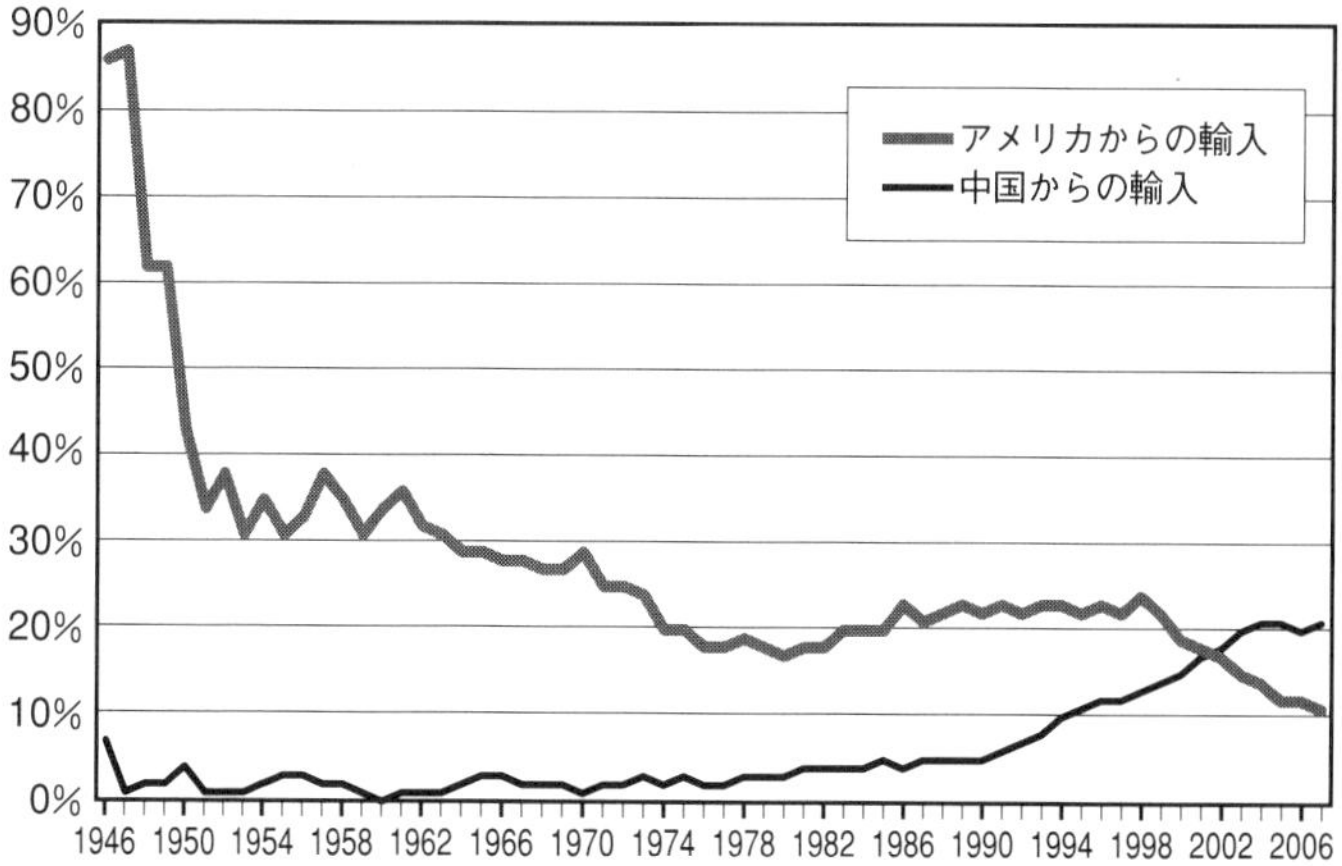

（出典）＜図表1・2ともに＞総務省統計局HP「日本の長期統計系列」、
総務庁統計局監修『日本長期統計総覧・第3巻』

に「政冷経熱」の時代だった。

小泉政権が終わったあと、中国では、熱しやすく冷めやすい国民性のためか、はたまた共産党の世論操作のためか、日本に対する反発はだいぶ薄らぎ、二〇〇五年を最後に表だった反日行動は見られなくなった。

一方、日本ではいったん火がついた中国に対する反感はなかなか収まらなかった。特に二〇〇七年、アメリカで中国産原料を使ったペットフードで犬が死ぬ事件などをきっかけに「チャイナフリー」、つまり「中国製品は扱っていない」と宣言する店が現れたという報道がなされた。すると、日本のマスコミは「中国製品＝毒」とでもいうかのように中国製品、特に食品の問題を盛んに書き立て、日本の消費者のなかにもそれに敏感に反応して中国製品を遠ざける人も出てきた。

ところが、日本で中国製品に対する不信感が高まったまさにその年、中国との貿易は輸出・輸入ともにさらに増えて、ついに中国は日本の最大の貿易相手国になった。アメリカ以外の国が最大の貿易相手国になったのは、実に一九四五年以来という快挙（？）である（ちなみに、一九四五年にも最大の貿易相手国は中国だったが、当時は戦時中で、戦前には重要な貿易相手国であったアメリカ、イギリスとの貿易はほとんど途絶えていた）。

これは日本の経済構造の転換を象徴する、極めて大きな出来事のように私には思えるが、このニュースに注目する人は少なかった。二〇〇八年に入って中国との貿易の割合はむしろアメリカを引き離しつつあり、今後中国がもっとも重要な貿易相手国である期間はかなり続きそうだ。

中国からの輸入トップは意外な製品

二〇〇七年夏に猛威を振るった「中国製品＝毒」報道、そして国民の不安を証明するかのように発生した二〇〇八年一月の毒ギョーザ事件によって、日本の多くの食品スーパーでは中国産の商品を一時、棚から撤去する動きに出た。

私は中国産ウナギの蒲焼きや中国産ニンニクなどはよく買うのだが、一時は中国産を買いたくても買えない状態になったこともあった。それなのに、中国が二〇〇七年も二〇〇八年も日本の最大の貿易相手国だというのは、何だかヘンだと思う人もいるかもしれない。

実は中国からの輸入のなかで、農水産品や加工食品が占める割合はわずか六・七％にすぎない。中国からの輸入でもっとも多いのは「電気機械」、次いで「機械」で、二〇〇六年の場合、それぞれ輸入全体の一八・六％と一七・五％を占めていた。

それでは、中国からの最大の輸入品目は一体何か。日本は中国からテレビやエアコン、さらにはＩＣなどの電子部品まで実に様々な電気機械や機械を輸入しているが、なかでももっとも多く輸入しているのがパソコンである。

「細かい分類で見ると、中国からの最大の輸入品はパソコン」といわれても、あまりピンと来ないかもしれない。確かに、私が今この原稿を書いているノートパソコンだって、ひっくり返すと「日本製」とバッチリ書いてある。だが、パソコンの貿易は結構複雑で、日本製が同時に中国製でもあったりするのだ。この点について詳しくは第3章で紹介する。

中国との貿易が活発化した背景

それでは、なぜ中国との貿易がこれほど増えたのだろうか。この「なぜ」に対しては二つの答え方がある。中国との貿易が増えた「経緯」とその「動機」である。

まず経緯について述べると、特に中国からの輸入が増えた最大の要因は、日本企業が中国各地に数万もの工場を建てたことである。中国側の統計によれば、日本から中国への直接投資は一九七九年から二〇〇七年までの累計で三万九六一七件あり、投資金額は合計で六〇三億ドルにおよぶ。もちろん、そのなかには工場以外の投資、例えばホテルや商店なども含まれるし、現在ではすでに撤退したものもあるだろう。

思えば日本と中国が国交を回復した一九七二年から、中国の製品を日本で売ろうとする商社の活動が活発化した。私が住んでいた札幌の片隅でも、つぶれたスーパーの空き店舗を借りて「中国物産展」が開催されたことがあった。

当時小学生だった私は、何となく中国を応援したいような気持ちになって、中国物産展で何か買ってやろうと出かけていった。だが、とても口に合いそうにない食品や趣味の悪いおもちゃなど、なけなしの小遣いをはたいて買ってもいいと思えるものはなかなか見あたらなかった。ようやく小さな万年筆（値段は一五〇円だったと思う）を見つけて買ったが、使ってみたらインキ漏れがしてほとんど使い物にならなかった。

要するに、中国の企業が生産して、そのまま日本に持ってきて売れるものはほとんどなかったのだ。結局、当時中国からの主要な輸入品は石油と石炭だった。やがて一九七九年に中国が外国企業の投資を受け入れるようになってから、日本の企業が中国に工場を建てて、日本に輸出する製品を自らの管理のもとに作れるようになった。特に一九九〇年代に入ると、日本企業が大挙して中国に進出した。進出の増加と軌を一にして中国からの輸入が増えていることは、〈図表2〉から分かるだろう。

日本企業が中国で生産活動を行う際、製品を作るために必要な材料や部品、機械を日本から輸入することが多い。こうして日本企業による中国から日本への輸出が増えると、逆に日本から中国への輸出も増える。〈図表1〉と〈図表2〉を比べてみると、一九九〇年頃から中国相手の輸出も輸入も揃って上昇カーブを描いているのには、そうした背景がある。

もちろん日中の貿易は、日本企業の中国への工場進出と関係している部分ばかりではない。例えば、二〇〇二年頃からの「中国特需」にもっとも沸いたのは、日本の建設機械メーカーだった。中国全土で繰り広げられるビル工事や道路建設の現場で、日本製の建設機械が大いに活躍した。また、中国の富裕層が日本車を購入することも多かった。

「日日貿易」がもたらした恩恵

ただ、日本と中国の貿易のうちかなりの部分が、中国に進出した日本企業と日本とのあいだの「日日貿易」であることは、どうやら疑いない。日中貿易のうち、果たしてどれく

＜図表3＞日本企業の対中貿易における貿易相手

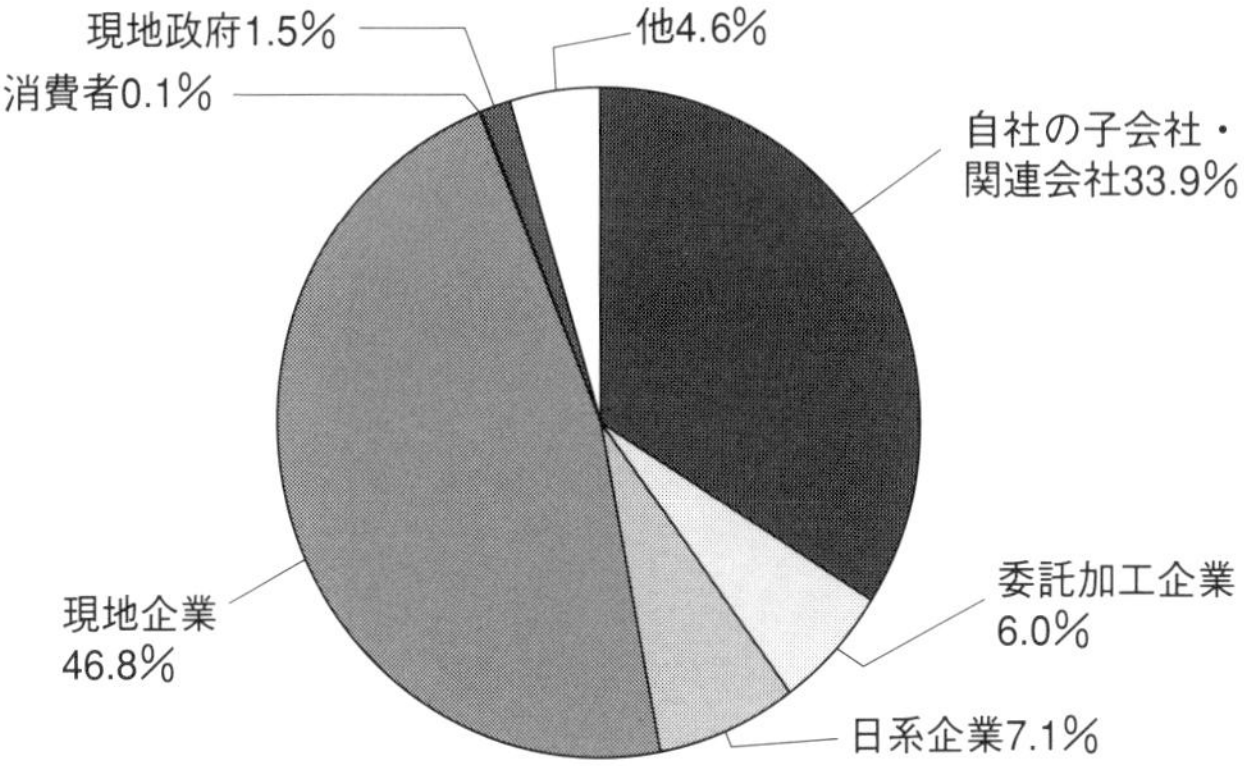

（出典）NIRAのアンケート調査を基に筆者作成

らいがこうした「日日貿易」であるかに関して統計を取ることは難しいが、二〇〇一年に私が総合研究開発機構（ＮＩＲＡ）の研究会に参加して、日本の大手企業二三六社を対象に行った調査の結果を紹介しよう。

この二三六社のうち、中国との貿易を行っている企業は一一五社あった（その内訳は製造業一〇三社、卸売・小売業八社、貿易商社二社、その他二社）。それらの企業に対して、自社の子会社・関連会社との取引、委託加工企業との取引、中国にある日系企業との取引、現地企業との取引、現地政府との取引、現地の消費者との直接取引に分けて、それぞれの比率を回答してもらった。その平均が〈図表3〉の数字である。

ここから、調査の対象となった日本企業の中国との貿易のうち、四一％（すなわち「自社の子会社・関連会社」三三・九％＋「日系企業」七・一％）が「日日貿易」であることが分かる。

「日日貿易」が多い理由としては、日本企業と中国企業とでは品質に対する考え方が違いすぎることが挙げられる。「商品を見る目が世界でもっとも厳しい」と評判が高い日本の消費者に満足してもらえるようなものを、とても中国企業に作ってもらうことができなかったのである。だが、中国企業も輸出の経験を積むにつれて、次第に日本に輸出するものを作るノウハウを習得するようになった。

例えば、ユニクロの製品は、多数の中国企業に生産が委託されている。ユニクロの製品を受注している企業の一つとして、中洲《しんしゅう》国際集団という中国企業がある。同社は従業員が三万三〇〇〇人もいる巨大な企業で、ユニクロだけでなく、アディダス、プーマ、ナイキなどのスポーツウェアの製造も請け負っている。このように、世界の一流ブランドが安心して仕事を任せることのできる中国企業が育ってきたのである。

思えば、毒入りギョーザ事件で一躍有名になった天洋食品も、純然たる中国企業である。しばらく前であれば、冷凍食品のようなものは日本側が管理する工場で作るのが常識で、中国企業に委託するということはあまり考えられなかった。しかし、天洋食品は少なくともＪＴフーズをはじめ、複数の日本企業が信頼できる生産委託先として認定するほどのレベルにあったわけである。

こうして、日本の消費者の厳しい目を満足させる製品を作れる中国企業が増えてきたことにより、「日日貿易」の割合は相対的に減ってきていると推測される。しかし、それは中国に進出した日本企業を模範にして、中国企業が技術やノウハウを吸収したからである。その意味で「日日貿易」は、日本と中国の貿易を拡大させた立役者だったといえる。

中国が誇る安価で豊富な労働力

以上が、日中貿易が拡大した「経緯」の説明であるが、次に「動機」を説明する。日本と中国が盛んに貿易をする動機を一言で説明すると、「お互いに補い合うものを持っている」からである。

それでは、日本に欠けていて中国にあるものは何か。第一に、工場で働く労働者。第二に、石油、石炭、タングステンなどの鉱物資源、そして松茸など日本ではあまり採取できない天然の産物が挙げられる。この二つのうち、圧倒的に重要なのは前者だ。

日本には工場で働く労働者が欠けているというと、意外に感じる人が多いかもしれない。何しろ、学校を出ても職に就かないニートと呼ばれる若者が大量に存在していて、人があまっているようにも思えるからだ。さらに、二〇〇八年秋の「リーマン・ショック」に端を発する世界同時不況のなかで、日本では多数の派遣労働者たちが職を失い、失業率が上昇している。

だが、それでも日本人が購入する工業製品をすべて日本国内の工場で賄《まかな》いきれるほど、工場で働くことを希望する人が日本にいるわけではない。アパレル縫製業では北海道や南九州などに工場を建て、農家の主婦などを雇って何とか工場を運営している状態が、もう一九八〇年代後半から続いている。

一方中国には、工場で働きたい人は大勢いる。二〇〇二年に訪問した広東《かんとん》省・深圳《しんせん》市で工場を経営するある日本人いわく、「工場のラインを巡回しているときに、従業員の前でボソッと『ああ、そろそろ人を増やしたいな』とつぶやけば、翌日には工場の前に職を求める人が数十人は並んでいる」そうな。

また、一九九九年に訪問した広東省・東莞《とうかん》市の日系企業の電子製品工場では「視力二・

〇以上、身長一五〇〜一六〇センチで右利きの女性」という厳しい条件で労働者を募集していた。しかし、それでも全然人手には不足しないといっていた。

それにしても、細かい電子部品を扱う工場で視力が大事なのは分かるとして、なぜ身長一五〇〜一六〇センチで右利きでないといけないのか。工場のマネージャーによると、工場の生産ラインでは労働者の右側にベルトコンベアが来るように設計されているので、右利きの人でないと組み立てる部品を取りづらい。また作業を行う机と椅子の高さが変えられないため、身長が高すぎても低すぎても作業効率が下がるのだという。人に設備を合わせるのではなく、設備に合った人を見つけてくるわけだ。

「人間よりも机や椅子のほうがエラそうにしているとは、何たる人権無視！」と憤《いきどお》ってはいけない。もしも、一人の労働者が去ったときの生産効率の低下が著しく、その代わりが務まる人がなかなか見つからない状況であれば、経営者は今いる労働者を大切にし、彼女の体格に合わせて高さが調整できる高価な椅子を購入するだろう。

しかし、中国でのケースのように、工場で働きたい人がいくらでも溢れているようであれば、安い椅子で済ませておいて、椅子に体格が合う人を採用したほうがトクだ。この工場は「その社会で相対的に稀少な生産要素を節約するような生産技術が採用される」という経済学の論理が貫徹している姿を、まざまざと見せつけてくれた。

高い技術を輸出する日本企業

もっとも、以上二つの工場を見たときと比べて、現在（二〇〇九年）はだいぶ様子が変わっている。二〇〇二年当時、電子製品工場の若い女工さんたちの給料は、残業代込みでも月一万五〇〇〇円程度であったが、二〇〇八年には月三万円くらいに賃金が上昇している。しかも、以前は就業希望者が大挙して押し寄せてきたのが、二〇〇四年から出稼ぎ労働者不足が叫ばれるようになり、その傾向は年々強まっている。

さらに、二〇〇八年には中国政府が「労働契約法」を施行した。この法律は、労働契約を通じて労働者の権利の保護と長期雇用の促進を狙ったもので、労働者を文字通り「掃いて捨てる」ことに対して規制が強められたのである。

それにより、これまで中国の「安価で豊富な労働力」を利用することで何とか存続していた数々の工場が、二〇〇八年に入っていくつも閉鎖された。また、さらなる「安価で豊富な労働力」を求めてベトナムやカンボジア、もしくは中国の内陸部に工場が移されている。

しかし、二〇〇八年も中国の輸出が前年に比べて二割以上伸びたことが雄弁に物語るように、これまで中国で輸出に従事してきた企業の大部分が中国にとどまり、賃金の上昇分を機械設備の導入による効率化などによってカバーしようとしている。前述のマネージャーも、今ならば高さの調整できる椅子を買うだろう。

日本には欠けている工場労働者が中国にはいることが分かった。では逆に、中国に欠けていて日本にあるものは何か。それは技術である。もちろん中国だって有人宇宙飛行を成し遂げるなど素晴らしい技術を持ってはいるが、民生用に大量生産されるような製品を作る技術に関しては、日本と中国とのあいだに簡単には埋められない差がある。

例えば、自動車の外板に使えるような優れた性質を持つ鋼板、いろいろな機能を持ったプラスチック、精巧な電子部品、そして自動車などを生産する技術では、日本は世界に冠たる技術を持っており、中国は簡単に追いつけそうもない。

そうした優れた技術を、日本企業は時として技術の形で売ることもあるが、一般的には鋼板、プラスチック、電子部品、自動車などの製品の形で中国に輸出する。あるいは製品をより安価にするために、中国の工場で製造して現地で売ることもある。

以上のように、日本と中国とは相補い合う関係にある。経済学の用語を使えば、日本は技術という生産要素を多く持ち、中国は労働という生産要素を多く持っているがゆえに、それぞれに異なった産業に比較優位を持っており、そのため日本にとって中国は最大の貿易相手国になったのだ、といえる。

第１章

食卓の主役は中国産？

～中国の食品は本当に危険なのか～

中国産食品への依存――農産物

二〇〇八年一月、中国製冷凍ギョーザに、誰かの手によって意図的に高濃度の農薬が入れられる事件が発生した。さらに同年一〇月には、中国産原料を使っていたイタリア料理チェーン店「サイゼリヤ」のピザの生地から、本来はプラスチックの原料である「メラミン」が検出された。

中華料理を代表するような存在であるギョーザが中国製だったのは意外ではないが、ピザの生地にも中国産の食材が使われていたのは驚きである。しかも余計なものまで混じっていた。一体どれくらいの中国産食品が、我々の食生活のなかに入り込んでいるのだろうか。

いきなりはぐらかすようで恐縮だが、中国は日本のもっとも重要な食品輸入相手国ではない。それでは日本が農水産物をもっとも多く輸入している相手国はどこかというと、それはアメリカ合衆国である。

日本が二〇〇六年に輸入した六兆七〇三六億円の農水産物のうち、二五%はアメリカからで、中国は第二位の一六％であった（なお、二〇〇七年には中国産食品の危険性に関して日本の週刊誌などがにわかに騒ぎ始め、二〇〇八年一月には毒ギョーザ事件も起きて、中国からの食品輸入は尋常ではない状態に陥ったので、ここでは二〇〇六年の数字を基に話を進めていく）。

しかし、スーパーで買い物するときには、むしろ中国製の食品のほうが目にとまるような気もする。

それもそのはずだ。アメリカからの農水産物輸入は、たばこ、トウモロコシ、豚肉、大豆、小麦など、日本が大量に輸入する少数の品目に集中しているのだ。それに対して、中国からの輸入は鶏肉、各種の野菜、ウナギなどの魚や貝類、お菓子、香辛料、果物など、非常に広範囲の品目におよんでいる。

日本が輸入している農水産物を二九九品目に細分類してみると、そのうち八〇品目で中国からの輸入が第一位であった。それに対して、アメリカからの輸入が第一位の品目は五九品目にとどまる。

それではどんな品目を、どれくらい中国に依存しているのだろうか。ある特定の品目をどれくらい中国に依存しているかを知るには、次のような計算を行えばよい。

「特定品目の対中国依存度＝（中国からの輸入量）÷（日本国内での供給量）」

日本国内での供給量は、「日本国内での出荷量＋外国からの輸入量－外国への輸出量」で計算できる。だが、この計算は実はそれほど簡単ではない。輸出入の統計はあっても国内出荷の統計が存在しない、また輸出入統計と出荷統計とが同じ商品分類でないなどということがあるからだ。

そうした限界があることを承知いただいた上で、〈図表4〉に示した中国への依存度が高い農産物を見ていこう。

産地偽装が起こるワケ

データが揃う農産物のなかで、もっとも対中国依存度が高いのはタケノコである。日本国内に供給されるタケノコの、実に八九％が中国産となっている。中国からの輸入が止まれば、タケノコは間違いなくほとんどの国民の口に入らなくなる。

ただ、その割には、春先に八百屋の店頭に並ぶ皮つきの生タケノコは、みな日本国内産だ。水煮されてパックに入っているものでも、二〇〇七年以前は中国産が多かったのに、

<＜図表4＞中国への依存度が高い農産物（2006年）

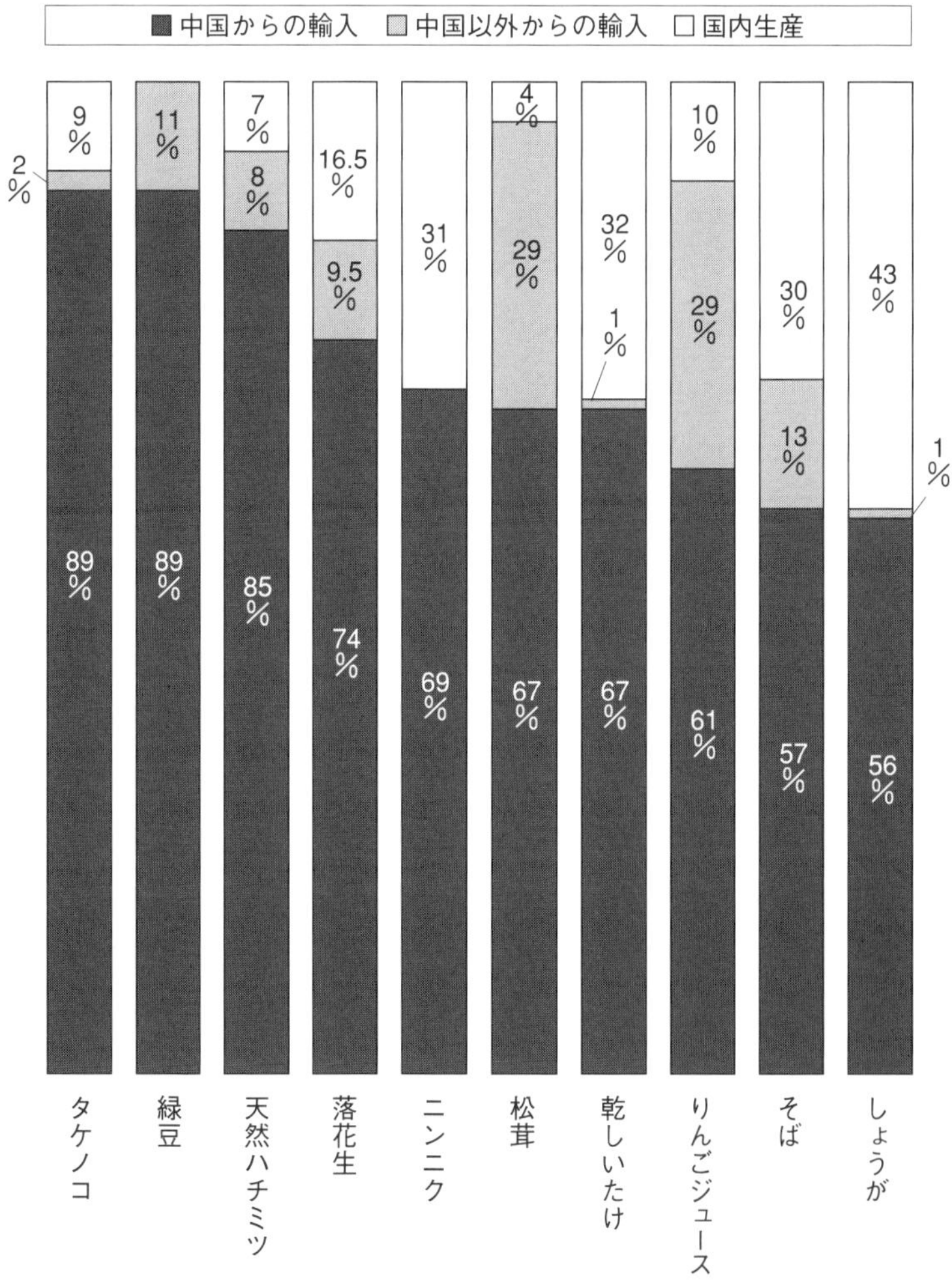

（出典）農林水産省、日本特用林産振興会HPほか

それ以降は国内産と表示されたもののほうがむしろ多い。

一人の消費者としての私の印象でいえば、スーパーなどで売られているうちの六割以上には日本国内産と書いてあり、中国産と表示されているのは四割に満たないのではないだろうか。客観的なデータから見れば九割が中国産であるはずなのに、主観的な印象では六割くらいが国内産というこのギャップを、どう考えたらいいのだろうか。

一つの可能性は、食堂や給食施設など業務用に中国産が多く使われているので、店先ではそれほど我々の目にとまらないということである。だが、おそらくもっと重要な要因は、中国産を国内産と偽る産地の偽装が広く行われているということだ。

実際、二〇〇八年一二月までの二年間に、中国産を使ったタケノコ水煮を国内産と偽った事件が、報道されているだけでも九件起きている。二〇〇八年一〇月には、日本のタケノコ缶詰のトップメーカーが「鹿児島県産」と表示した水煮パックや缶詰に、実は半分程度の中国産タケノコを混ぜていたとして農林水産省から改善を指示された。また一二月には愛知県の業者が、タケノコ水煮パックにわざわざ「日本の生産者の皆さん」と解説入りの写真までつけて偽装する事件も起きた。

偽装を摘発された業者がいうには「国産タケノコは人気が高まり仕入れるのが難しい。

一方で中国産タケノコは消費者に敬遠されて在庫がたまってしまい、経営が苦しくなったため産地を偽装してしまった」のだとか。

もちろん、どのような事情があろうとも消費者を欺《あざむ》いた責任は重い。ただ、テレビに映る業者の様子を見ると、「暴利を貪《むさぼ》ろうとして消費者を騙《だま》した」というよりも、経営難に直面し、やむにやまれず偽装に手を染めてしまったのだと思えてならないのである。

二〇〇七年頃から週刊誌などで突如沸き起こった「中国産＝危険」報道により、消費者の中国産離れが顕著になった。スーパーには「中国産の商品をすべて撤去せよ」と迫るクレーマーまで現れるようになった。だが、タケノコのように中国産への依存度が高いと、「日本産だけを店頭に並べろ」といわれても、日本産がもともとそれほどないのだからしょうがない。はっきりいって「タケノコを今まで通り食べたいけれど、中国産は嫌だ」という要求は実現不可能なのだ。

消費者が実現不可能な要求をごり押ししようとすれば、業者を産地偽装に追いやることになる。「これだけマスコミで叩かれ、政府にも処罰されたのだから、もう偽装はないだろう」と思うのは早計である。過去二年間に何度も同様の摘発が繰り返されたことを考えれば、今後も偽装は続くだろう。

中国産なくしては手に入りづらい食材

タケノコと並んで中国への依存度が高い農産物が、緑豆である。「緑豆など自分とは縁がない食材だ」と思う読者も多いかもしれないが、実は緑豆がなければ大変メジャーな野菜が食卓から消え失せることになる。

それは「もやし」だ。もやしは緑豆や大豆を発芽させて作る。豆を発芽させる作業は一〇〇％日本国内の工場で行われているが、原料となる豆はすべて輸入に頼っており、緑豆もやしの場合、豆の八九％は中国から輸入している。日本国内の工場で作られているために、もやしは「国内産」と表示されており、日本人は中国産緑豆の発芽した姿だと気づかずに、「安心」してもやしを食べているのである。

ハチミツも中国への依存度が高い。健康志向の高まりでハチミツの需要が増える一方で、日本国内では蜂が蜜をとるアカシアやレンゲが減少しており、生産者も高齢化しているため、生産は年々減っている。

日本人が消費するハチミツのうち、国内で生産できるのはたったの七％。その国内生産と需要のギャップを埋めるのが、世界最大のハチミツ生産国である中国からの輸入である。ところが、やはりハチミツでも中国産は買いたくないという消費者が増えてきたため、二〇〇八年には中国産ハチミツを国内産と偽装する事件が起きた。

落花生は国内の供給の七四％を中国に依存している。二〇〇六年に日本国内では二万トンの落花生が収穫されたが、生の落花生と加工された落花生が合わせて一〇万六三五トン輸入され、そのうち八万九〇六四トンが中国からだった。簡単にいえば、ピーナッツを四粒食べるうち、三粒までは中国産というわけだ。

中国以外の輸入先は南アフリカやアメリカであるが、中国からの輸入に比べて量ははるかに少ない。さらに南アフリカ産やアメリカ産のピーナッツは、日本産や中国産に比べると粒が小さいので加工用として使われることが多く、そのままの形で食べるピーナッツとなると日本産か中国産である。

ところが日本産の値段は中国産の二〜三倍、しかも農家の高齢化により作付面積が減り、二〇〇七年までの五年間で生産が一五％減っている。そのため、もしも中国産落花生が日本に入らなくなると、特に日本の菓子業界はピンチに陥る。おやつや酒のおつまみに食べる「柿の種」から、ピーナッツがなくなってしまうからだ。

ニンニクも中国に依存する農産物の一つである。日本国内に供給されるニンニクの六九％が輸入品だが、そのほぼ全量が中国からの輸入である。中国からのニンニク輸入は一九九二年頃から急増し、日本のニンニクの主産地である青森県では作付面積を大きく減らした。ただ、その後は安い中国産ニンニクと、その六～七倍の値段の日本産ニンニクが共存する状態が続いている。

それが、冷凍ギョーザ事件をきっかけに日本産ニンニクを求める声が高まり、国産品の卸値が三割以上上昇した。ただ、中国産ニンニク自体に問題が出たわけではないので、青森県の産地ではいずれ中国産への需要が回復すると見ており、これを機に作付面積を拡大する動きはない。国内の生産が増えないのであれば、中国にニンニクを依存する状況は今後も続くであろう。

世界中の松茸を食べ尽くす日本人

松茸も中国産への依存度が高く、日本国内で売られる松茸の六七％が中国産だ。日本でも一九五三年には年間六五〇〇トンも収穫されたが、アカマツ林の減少とともに収穫量は減り続け、二〇〇六年にはわずか六五トンにまで減ってしまった。

松茸は人工栽培ができないため、自然に生えてこなくなれば、もうそれきり食べるのをあきらめなければならない。だが、一度染みついた松茸に対する愛着は捨てがたい。そこで日本は松茸の供給先を外国に求めることになった。

二〇〇六年には一七二〇トンの松茸が輸入されており、国内で供給されている松茸の九六％は輸入品である。輸入先としてもっとも多いのが中国、次いで北朝鮮、アメリカ、さらにカナダ、韓国、モロッコ、ブータンからも輸入が行われている。日本人はまさしく世界中に松茸を求めているのだ。

ここで中国での松茸収穫の様子を紹介しておこう。

中国で松茸が採れるのは西南部の雲南《うんなん》省や四川《しせん》省、チベット自治区などだが、私は二〇〇五年と二〇〇六年に四川省の採取地域である小金《しょうきん》県を訪れた。ここは二〇〇八年五月に起きた四川大地震の震源地にかなり近い。四川省の省都、成都《せいと》から二〇〇キロメートルほどしか離れていないが、一〇〇〇万人の人口を擁する近代的な大都市の成都とはかけ離れた険しい山間地で、急斜面での農業や放牧しか生計の道がない人々の暮らしは貧しい。

成都から盆地を西に高速道路で一時間ほど行くと、立ちふさがるように五〇〇〇～六〇〇〇〇メートル級の山脈がそびえ立つ。標高四六〇〇メートルの峠を越えて山脈の奥へ進むと、そこはチベットから連なる高原で、人口は極端に少なくなり、チベット族の占める割合が高くなる。

このあたりの松茸は、標高三〇〇〇メートル以上の山岳地帯に自生する松林に生える。採取期の六月から八月には、人口が八万人足らずの小金県で一万〜二万人の農民が松茸の採取をしている。松茸の採取によって、農民一人あたり年に一万〜三万円程度の収入を得ていると見られる。

もちろんこれだけでは生活できないが、傾斜地しかなくて農業の条件が厳しい小金県の農民にとっては、貴重な現金収入源である。小金県では多い年には一年に七〇トンも松茸を収穫したというから、日本全体よりも多く採れることもあるわけだ。

早朝に農民たちが山に分け入って収穫した松茸は、その日のうちに仲買人の手を経て四社の会社に買い取られ、箱詰めなどが行われる。そして、当日の深夜には成都に向かうトラックに乗せられ、翌朝に成都の空港に着く。通関手続きなどをして、午後には成田行きの航空便に乗せられて、その日のうちに日本に着く。

松茸を採取する山間部の貧しい農民たちは、おそらく一生のあいだに飛行機に乗って日本を訪れる機会などないだろう。彼らが採った松茸が、収穫されてから二日目の夜には日本に届いてしまうというのは、何とも不思議な感覚である。

小金県で採取される松茸の五割程度が、生鮮品として日本に空輸される。残りは冷凍されて日本と韓国に輸出され、ごく一部が乾し松茸として中国国内に流通する。

小金県まで行けば、皿一杯の松茸炒めを食べる贅沢を味わうこともできる。しかし、わずか二〇〇キロメートル離れた成都に出てしまうと、もう松茸を使った料理をレストランのメニューに見つけることはできない。

成都では様々な種類のキノコを使ったキノコ鍋が人気だが、そこには松茸は入っていない。松茸を特別なものとして珍重する風習は中国にはないのだ。日本以外では、松茸はわずかに韓国で消費される程度である。日本人以外に松茸に強い愛着を持つ国民はいないので、日本人は世界中の松茸を独り占めにしてきたわけだ。

心配なのは、こんな調子で松茸を食べ続けて世界の松茸が枯渇してしまわないかということだ。実際、小金県の買付業者も、今のままでは松茸の収穫量は先細りになるので、収穫期を決めるなどの規制をする必要があるといっていた。

気がついたら世界中の松茸を日本人が食べ尽くしていた、ということになるかもしれない。日本人は日本国内の松茸をあらかた食べ尽くし、収穫量が往時の一〇〇分の一にまで減ってしまったという現実を、もっと重く受け止めるべきではないだろうか。松茸の人工栽培方法が見つかりでもしない限り、「秋の風物詩、松茸」などといって松茸の需要を喚起するようなことはやめるべきである。これはサステイナブル（持続可能）な消費ではないのだ。

世界の七割を占める中国産りんごジュース

乾しいたけも松茸と同じく、日本の国内供給の六七％を中国に頼っている。ただ、松茸と違ってしいたけは大分県など日本国内での生産も盛んで、国内の供給の三分の一を国内生産で賄《まかな》っている。

しかも、日本で生産された乾しいたけの一部は輸出されており、重要な輸出先は実は中国だ。貿易統計によれば、最大の輸出先は香港で、輸出量の七二％を占めているが、その大半は中国に再輸出されていると見られる。

「どんこ」など肉厚な日本の乾しいたけは、中国で高級食材として高く評価されており、日本が輸出する乾しいたけの単価は、日本が輸入するそれの実に一三倍である。乾しいたけもご多分に漏れず、中国産を敬遠する風潮が広がり、その分、国内産の人気が高まったため値段が急騰している。

しかし、日本のしいたけ生産者は高齢化が進み、後継者がいない場合も多いことから、増産へ向けた動きは鈍い。その結果、乾しいたけにおいても、中国産を日本産に偽装する事件が起きている。

さて、次に挙げる品目は意外に思われるかもしれない。それはりんごジュースである。りんごジュースは六一％を中国に依存しているが、実は中国は、世界最大の濃縮りんごジュース生産国なのである。日本国内のりんごを使ったジュースもないわけではないが、日本のりんご農家は収穫したりんごの多くを値段の高い生食用に回すため、ジュース用になるりんごは少ないのだ。

中国の農業は一九八〇年代までは食料自給のための農業であり、内陸の山間部の急斜面でも麦やトウモロコシなどの穀物が栽培されていた。だが、傾斜地まで無理に耕作した結果、森林が失われ、傾斜地からは土壌が流失し、中国の川は黄色く濁って頻繁に洪水を起こすようになった。しかも、やせた傾斜地での穀物生産は効率が悪く、農民たちは自分が食べていくのにぎりぎりの収穫しか得られなかった。

こうした問題を総合的に解決するために、二〇〇〇年から「退耕還林」政策、すなわち斜度二五度以上の傾斜地では農業をやめて森林に戻し、農民には代わりに別の生計の道を与える政策が内陸の陝西《せんせい》省、山西《さんせい》省、四川省などで実施されている。ただ、森林に戻すといっても、「果樹」も森林として認められるので、内陸部では現金収入につながるりんごやブドウなどに転作する動きが広がっている。

山間部の貧しい農民たちが生活の糧を求めてりんごに飛びついたが、消費地から遠く離れた山間部でりんごを大量生産しても、生食用として売れる量には限りがある。そうした山間部のりんごに活路を与えたのが濃縮ジュースであった。

中国最大のりんご産地である陝西省でも、収穫されたりんごの大半が濃縮ジュースに加工されて、九五%が欧米などに輸出されている。こうして中国は、二一世紀に入ってから濃縮りんごジュースの輸出を急拡大し、二〇〇七年には世界全体の生産と輸出の七割を占めるに至っている。

濃縮りんごジュースは輸出先で加工・包装されて「一〇〇%りんごジュース」などとして販売されている。日本で一〇〇%りんごジュースを買っても、包装には製造者として日本の業者の名前と住所が書いてあるだけだが、その業者は輸入した濃縮りんごジュースを水で薄めて包装しているだけで、りんごジュースそのものはかなりの確率で中国から来たものなのだ。

中国からの農産品が多いのはなぜか

そば（ここでは乾麺などに加工されたそばではなく、原料の玄そばやむき実のそばを指す）は、国内の供給の五七％を中国からの輸入に頼っている。中国産は北海道産のものに比べて三分の一という値段であるため、もし中国から輸入できなくなれば、我々の食べるそばの値段は数倍に跳ね上がる。中国以外の輸入先は主にアメリカとカナダだが、いずれも輸入量は少ないため中国産の代わりにはなりそうにない。

ここまでに挙げた品目およびしょうがは、いずれも中国産への依存度が五割を超えている。そのほかにデータが揃わなかったものの、キクラゲ、ゼンマイ、ワラビ、朝鮮人参なども中国への依存度が極めて高いと見られる。

中国への依存度が五割を超えるものは、もし中国からの輸入が途絶えるようなことがあれば、日本国内では品薄になり、値段も高騰するはずである。現在、日本の消費者は国産品を求めているが、日本の農家は「どうせほとぼりが冷めたら、また中国産を買うんでしょ」と、あきらめ顔で作付面積を増やそうとしない。そして、国産品が欲しいといわれても国産品を仕入れられない業者は、「国内産と書きさえすればいいんでしょ」とばかりに偽装に手を染めてしまうのである。

それにしても、中国から輸入される農産品は実に多様である。〈図表4〉に出てくる以外にも、里芋、ごぼう、枝豆、小豆、たまねぎ、ブロッコリー、ヒラタケ、カリフラワー、グリーンアスパラ、ニンニクの芽、インゲン、チンゲンサイ、レンコン、マッシュルーム、オクラ、絹さや、ばれいしょ、カボチャ、大根、シメジ、こんにゃく芋、スイートコーンなどが日本に向けて輸出されている。

中国から日本向けにこれほど多くの農産品が輸出される最大の理由は、中国の気候の多様性と日本との距離の近さにある。

中国は日本より南北に長く、日本より寒いところもあれば暑いところもある。したがって、多様な気候を活用して、様々な野菜を年間を通して日本に供給する態勢を作ることができる。しかも、日本に近いため、野菜の鮮度を保ちながら、安い輸送コストで日本に送ることができるのだ。

さらに、意外に思われるかもしれないが、中国は無農薬・減農薬で野菜を栽培する上でも日本より条件が良い。

例えば日本向け野菜の最大の産地である山東省《さんとう》は、日本より乾燥した気候であるため、高温多湿の日本に比べ病害虫が発生しにくい。しかも冬は零下にまで気温が下がるので、越冬栽培を行って害虫が活動を始める前に野菜を収穫してしまえば、農薬を使う必要がないのである。

さらに、農薬を使わずに野菜を作るということは、雑草や虫を手作業で除去しなければならないということを意味するが、そうした手間暇をかけた農業をするには、労働力が豊富で労賃が安い中国のほうが有利である。

ギョーザに高濃度の農薬が付着していたというショッキングな事件のせいで、何となく「中国の農産物は農薬まみれ」だと思っていないだろうか。ところが真相は、中国のほうが無農薬の農業がやりやすい環境にあり、現に中国で無農薬栽培された野菜が日本にも入ってきているのだ。中国産食品の安全性の問題については、あとでもう一度触れよう。

中国産食品への依存――水産物

水産物では、中国からの輸入は日本の水産物輸入全体の二三％を占め、日本にとって中国は最大の輸入相手である。農産物と同じように、水産物についても中国への依存度が高いものを〈図表5〉に示した。

もっとも中国への依存度が高いのはハマグリで、日本国内の供給の九二％が中国産である。かつては東京湾だけでも年間五〇〇〇～六〇〇〇トンも収穫できたというが、干潟の消失や水質悪化により収獲量は激減し、今や全国で年に一〇〇〇トンしか採れない。潮干狩り場であらかじめ撒かれるのも中国産が多いそうだ。あなたが潮干狩りをして採ってきたハマグリを家族に「国産だ」といったら、悲しいかな、それは「産地偽装」である。

次いで中国に依存しているのがウナギだ。活ウナギとして輸入されるものだけを数えれば、日本国内に供給される活ウナギの二八％が中国産である。だが、中国からは蒲焼きなどに加工されたものの輸入のほうが多いので、それを合算すると、日本国内に供給されるウナギの六〇％（重量で測った割合）が中国産ということになる。

＜図表5＞中国への依存度が高い水産物（2006年）

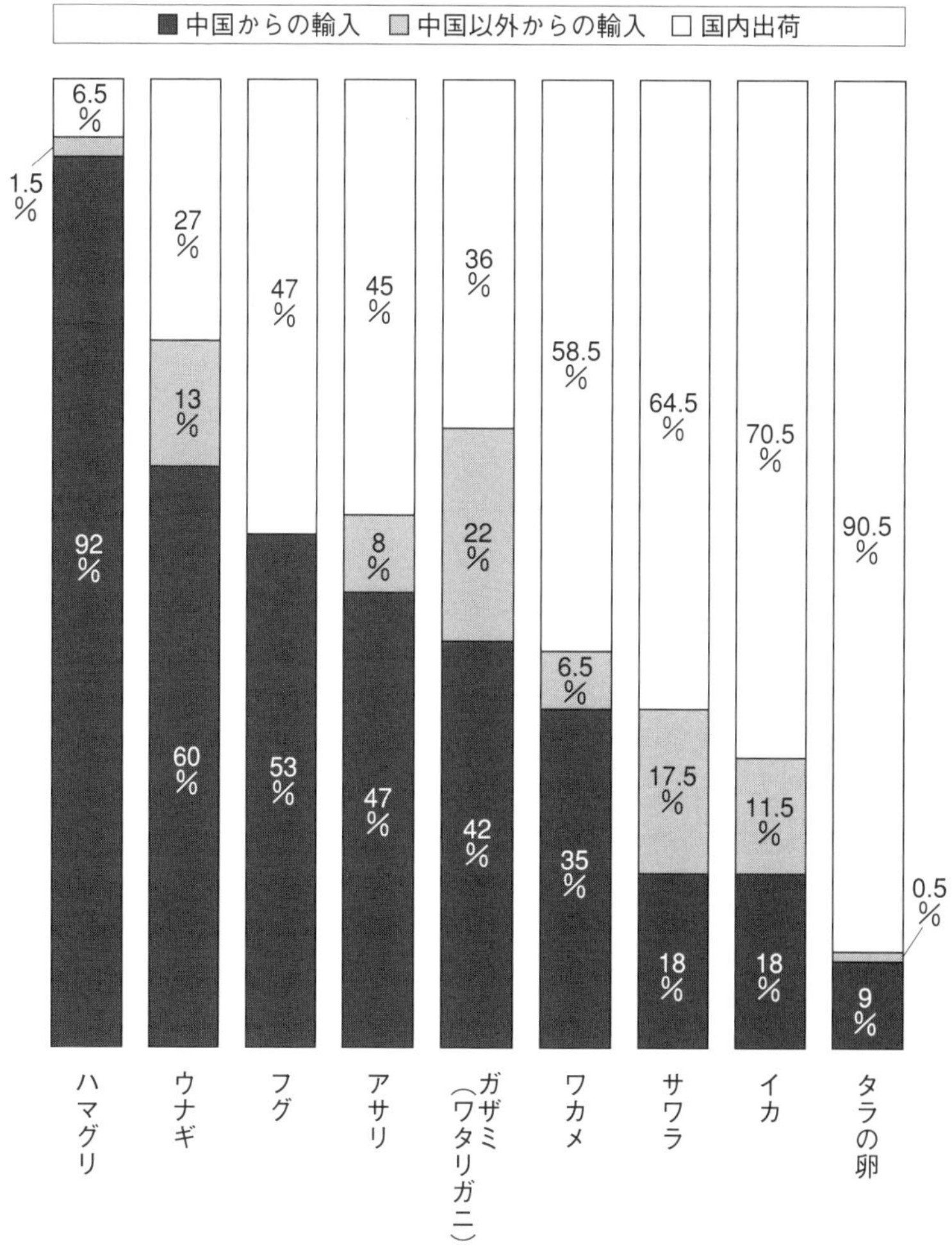

（出典）農林水産省ほか

そして中国への依存度が高いもののご多分に漏れず、ウナギも多数の産地偽装事件が起きている。

中国産ウナギを「鹿児島産」や「愛知一色産」と偽装した業者が詐欺の疑いで逮捕された事件をはじめ、「愛媛産」「四万十川産」などに化けている。台湾産のウナギに、一色産ウナギとの認証シールが貼られていたことも発覚した。食品の貿易に長く携った食品アドバイザー、芳川充氏によれば、少なくとも二〇〇七年まで国産のウナギ蒲焼きとして売られていたものの八割は、中国か台湾のウナギを使ったものだったと推測できるという。

なぜ、かくも多くの偽装が横行するのか。芳川氏によれば、中国や台湾のウナギのほうが国産ウナギより安い上に、ウナギそのものの品質はむしろ良いからなのだという。

もしあなたが国産と表示されたウナギ蒲焼きと、中国産と表示されたウナギ蒲焼きとを食べ比べて「やはり国産のほうが美味しい」と思ったとしても、それは「国産」と表示されたパックに、より品質の良い中国産ウナギが使われていたからかもしれないのである。

実際のところ、業界の専門家でも、ウナギの産地が国産であるか中国産であるかを識別するのは難しいといわれている。

ウナギは稚魚のシラスを海で漁獲して、養殖池で育てる。日本で漁獲したシラスが中国や台湾に輸出されて、中国・台湾の養殖池で育てられることもあれば、中国や台湾で漁獲したシラスを日本が輸入してウナギに育てる場合もある。ウナギの出身地とは無関係に、育った場所によって日本産だとか中国産、台湾産だと区別されるだけなので、外見からも味からも区別はつかないのだ。

しかし、業界の専門家でも区別できないウナギに対して、「国産」と表示されているだけで日本の消費者は高い金を払い、「中国産」と表示されていれば安くても買わない。私にはどう考えても、こうした消費行動が合理的だとは考えられない。もともと産地などあまり意味がないのに、日本の消費者が産地に何か意味があると固く信じ込んでいるからこそ、産地偽装があとを絶たないのである。

日中で相互に補い合う水産物

ところで、中国は日本にとってもっとも重要な水産物の輸出相手国でもある。貿易統計を見ると、日本の最大の輸出先は香港で、第二位が中国であるが、香港に輸出された水産物のかなりの部分は中国に再輸出されるので、実際には中国が最大の輸出先だと見られる。

ちなみに、一般に輸入の統計では「原産地主義」、すなわち、ある国で作られた製品が別の国を中継して日本に来た場合、生産が行われた国からの輸入としてカウントすることになっている。それに対して輸出の統計では、必ずしも商品の最終目的地を申告しなくてもいい。そのため重要な中継港である香港向け輸出のなかには、香港のなかで消費されるものも、その後中国へ再輸出されるものも、さらには第三国に再輸出されるものも含まれることになる。

ここでは計算を簡略化するために、中国向けと香港向けとを合算してしまうことにしよう。日本は中国から三八二六億円の水産物を輸入する一方、中国・香港に八七六億円の水産物を輸出しており、農産物のように日本が一方的に輸入するばかりの関係ではない。輸出入の内容を見ると、日本と中国・香港は、いわば互いの国民が好む水産物を交換し合っている姿が浮かび上がってくる。

例えば、北海道や東北の沿岸で年間に一万トンほどの漁獲があるナマコは、日本人は居酒屋でたまに「ナマコ酢」を食べる以外にはあまり縁がないだろう。ところが中国では、乾燥ナマコは中華料理の高級食材として珍重されており、乾燥ナマコを水で戻して野菜などと煮た料理が、高級レストランでは定番メニューとなっている。

日本産乾燥ナマコは、一キログラムあたり平均四万七〇〇〇円もの高値で中国・香港に輸出されており、二〇〇六年の輸出総額は中国・香港への水産物輸出全体の一四％にあたる一二四億円にも上る。

日本ではかつては網にかかっても捨てられていた黒ナマコは、今や高値で中国に輸出されるので、漁師たちには「黒ダイヤ」と呼ばれ、密漁や強盗事件まで発生した。中国が高値で輸入するものだから、乱獲による資源の枯渇まで心配されている。もし養殖技術の開発によって持続可能なナマコ漁業を構築できれば、日本の漁業にとって大きなビジネスチャンスになるといえるだろう。

干した貝柱も広東《かんとん》料理のスープの原料として欠かせない食材のため、日本で生産されるうちの七割程度が中国、香港、台湾などに輸出されている。また、宮城県気仙沼の特産であるヨシキリザメやモウカザメ、アオザメなどの背・胸・尾ヒレを茹でて天日干ししたもの、要するに「フカヒレ」も、日本から中国・香港に年一〇億円近い規模で輸出されている。

ただし、日本から中国へ輸出される魚介類のうち、金額が一六〇億円ともっとも多い「さけ・ます」は、中国で消費されるために輸出されるのではなく、中国の工場で切り身やフレークに加工されたあと欧米に向かっているという。中国ではノルウェー産の養殖サーモンの刺身に人気があるものの、焼いたり煮たりして食べる日本産の天然物さけ・ますはあまり流通していない。

一方、日本でも今や塩鮭までもが、脂の乗った魚を好む最近の日本人の嗜好に合わせてチリ産の養殖さけを使うようになってしまったので、国産の天然物さけは行き場を失い、輸出に活路を求めざるを得なくなっている。

危機が叫ばれる食料自給率の問題

以上、中国からいろいろな農水産物が輸入されており、なかには中国産なくしては日本国内の供給が激減してしまうものもあることを見てきた。これらのほかに、アジフライ、チキンカツ、ロールキャベツ、ギョーザといった調理済み冷凍食品も、日本は中国からかなり輸入している。

これについては国内生産と輸入とを同じ基準の統計で見ることができないので、中国への依存度を測ることはできない。だが、社団法人日本冷凍食品協会が会員企業三一社を対象に行ったアンケート調査では、これらの企業が海外から輸入している冷凍食品のうち六六％が中国で生産されたもので、二位のタイ（二六％）を大きく引き離している。

また、意外なところでは、日本で出回るソーセージの八％程度が中国製である。中国は世界最大の豚肉生産地であり原料は豊富なので、今後はソーセージを中国に頼る傾向も強まるであろう。

さて、タケノコ、もやし、松茸、乾しいたけ、そば、しょうが、ハマグリ、ウナギ、フグ、ワカメ、と中国への依存度が高いものの面々を見てくると、日本料理の素材が多いことに気づく。中国からの供給が絶たれれば、中華料理よりも、むしろ日本料理の世界がずいぶん寂しくなりそうである。

果たして日本はこんなにも外国からの食料輸入に頼り、食料自給率が低いままでいいのだろうか、という議論が起きるのも無理はない。だが、そういう人に私はあえて反問したい。「あなたは、食料自給率とはどういう意味なのか正しく理解しているのか」と。

〈質問〉農林水産省によれば、日本の食料自給率は一貫して下落傾向にあり、二〇〇六年にはついに三九％まで落ちました。さて、この「食料自給率三九％」というのは、次の選択肢のうちどれを意味しているでしょうか？

①平均的な日本人が一日のうちに一キログラムの食料を食べるとすれば、そのうち三九〇グラムが国産品だということ

②平均的な日本人が一日に食費として一〇〇〇円支出するとすれば、そのうち三九〇円が国産品だということ

③平均的な日本人が一日に二五〇〇キロカロリーの栄養を摂取するとすれば、そのうち九七五キロカロリー（三九％）が国産の原料に由来するということ

まず言葉の意味を正しく把握しなければ話が始まらない。正解は③である。つまり、マスコミなどで頻繁に紹介される「食料自給率三九％」とは、正確にいえば「カロリーベースの総合食料自給率」という農林水産省が作成した数字のことである。

農林水産省は②のような方法でも食料自給率を計算しており、こちらは「生産額ベースの総合食料自給率」と呼んでいる。こちらは二〇〇六年に六八％という水準にあり、下落傾向にあるものの、さほど低くはない。

大きく異なる二つの自給率の数字があるのに、なぜ政府やマスコミはことさらに低いほうの三九％という数字ばかりを喧伝《けんでん》し、危機感を煽《あお》るのだろうか。一体カロリーベースの自給率を問題にすることには、どういう意味があるのだろうか。

自給率を上昇させるには

まず、カロリーベースの自給率は低いが、生産額ベースの自給率は高いということがどういうことなのか、自給率の計算方法から見てみよう。

平均的な日本人の食生活では、お米のほかに、肉や卵、パン、うどん、ラーメン、サラダ油やバター、お菓子などが主たるカロリー源である。日本人が一日に摂取する平均カロリー量二五四八キロカロリーのうちの七四％を、これら米、畜産物、油脂類、小麦、砂糖類から摂取している。

一方、一日に使う食費を考えてみると、米、パン、うどん、油脂類など、カロリー源になる食品は概して値段が安いので、あまりお金を使う必要がない。それに対して、野菜、魚介類、果実など、カロリーは少ないが値段が高い食品に多くの金額を割いている。これらの食品からはカロリーの一一％しかとっていないのに、食費の四五％をこれらに使っているのである。

カロリーベースの自給率で見ると、畜産物の自給率は一六％、油脂類はたった四％、小麦は一三％、砂糖類は三二％と、カロリーを多く摂取している食品の自給率は低い。ところが野菜の自給率は七六％、魚介類は五九％、果実は三五％と、カロリーが低い割に値段が高いものの自給率は比較的高い。要するに、日本は高カロリーだが安いものは輸入し、低カロリーだが高いものを国内で作っている、ということなのである。

なぜそうなったのだろうか。これは政府の失政だとか、日本の消費者が外国産の食品を好んだとかいうことが理由なのではない。日本の農家が、値段の安い小麦や搾油《さくゆ》作物、飼料作物の生産をあきらめ、相対的に高価な野菜や果物に生産を切り替えていった結果なのである。

もし、カロリーベースの食料自給率三九％というのが危機的な数字であり、これを引き上げることが最重要課題なのだとすれば、まずなすべきは「消費者が国産品を買うようにすること」ではない。カロリーベースの食料自給率を引き上げるには畜産物（の飼料）、油脂類（の原料である搾油作物）、そして小麦の自給率を上げることがもっとも効果的である。

そのためには、日本の農家が野菜や果実の栽培をやめて、小麦やトウモロコシや落花生などに転作するしかない。

だが、値段の安いこれらの作物に切り替えることは日本の農家の経営を悪化させ、後継者難にも拍車がかかることになろう。農家の経営を悪化させないようにするには、飼料や搾油作物、小麦の値段が今の何倍にも上昇するよう、政府がこれらの農産物の輸入を制限するか高い輸入関税をかけるしかない。

つまり、日本国民全員がパンやうどん、肉やサラダ油の値段が今の数倍に上昇することを覚悟しなければならないのだ。果たして、そこまでしてカロリーベースの自給率を上げることに意味があるのだろうか。

三九％という自給率の数字が意味するのは、「もし食料の輸入が途絶えれば、日本人は現状の三九％のカロリーしか摂取できない」ということである。輸入が途絶えれば、日本人は今のままでは間違いなく飢餓状態に陥る。

それは確かに怖いことだが、少し考えてみてほしい。石油だって日本はすべて輸入に頼っているので、もしもその輸入が途絶えれば、仮に食料を十分に自給できたとしても食料を消費地にまで運ぶことができず、やはり日本人は飢餓状態に陥るだろう。

「自給率の上昇＝食料の安定供給」ではない

それでは現実の問題として、食料輸入が途絶えることが想定されるのはどういうときであろうか。食料自給率向上の旗振り役を務めている農林水産省のホームページを見ると、「食料の安定供給を確保することは、社会の安定及び国民の安心と健康の維持を図る上で不可欠です」と書かれている。

この議論自体に異論を差し挟む余地はない。だが、「食料の安定供給の確保」と食料自給率を引き上げることは果たして同じなのだろうか。もっと分かりやすい説明を求めて農林水産省の小中学生向けの説明を見ると、「天候不順、ストライキ、有害物質の混入などによって外国からの食料輸入が突然止まることがある。だから食料自給率を高めなければならない」と書いてある。

だが、冷静に考えてみれば分かるように、まったく同じ理由で日本国内からの食料供給が止まることだってあり得るのである。むしろ自給率が高すぎることのリスクを、我々は一九九三年から一九九四年にかけて痛感したはずだ。

一九九三年の夏は日本中が記録的な冷夏に見舞われ、同年の米の収穫量は前年に比べて二六％も減少してしまった。いつもは国産の米を主食としていた私も、このときはスーパーに行っても国産米はなく、普段は行かない米屋さんに行ったら「一見さんはお断り」とばかりにあしらわれたのを思い出す。

日本人の一日の摂取カロリーのうち、四分の一近くを占める米が大減産になったが、だからといってそのときに我々が飢えたかというとそんなことはない。米を食べる量もほとんど減らさずに済んだ。なぜならば、そのとき日本はアメリカ、中国、オーストラリア、タイから米を緊急輸入したからだ。

もちろん天候不順に見舞われるのは日本だけでなく、毎年世界中のどこかで冷害や干ばつ、洪水が起きている。だが、世界中が一斉に天候不順に見舞われて、日本に食料を輸出できなくなる可能性は極めて低い。それよりも、日本が再び一九九三年のような天候不順に見舞われ、農業が大打撃を受ける可能性のほうがはるかに高いだろう。

国民のために食料の安定供給を確保するというのであれば、日本国内だけで自給できる態勢を作るよりも、いろいろな国から食料を輸入できる選択肢を持っておくほうが重要ではないだろうか。

輸入先も北半球と南半球に分散し、政情不安が起きやすい国に依存しすぎないようにするなど、いろいろなリスクを想定しておくことが大事である。「食料の安定供給を確保するために、食料自給率を引き上げなければならない」といっている人たちは、どうしたら食料の安定供給が確保できるのか、真剣に考えていないのではないだろうか。

「それにしても食料自給率三九％というのは低すぎる。中国産食品は何かと問題が多いようだし、日本の食料自給率を高めるためにも、もし中国産と国産とを選べるようであれば、私は国産を選ぶようにしています」という人もいるかもしれない。だが、残念ながら、仮に中国からの食料輸入を全部中止し、すべて国産品に切り替えたとしても、日本の食料自給率はたいして上昇しないのである。

日本が中国から輸入している食料品は、野菜や水産物など低カロリーのものが多い。そのため、これらをすべて国産に切り替えたところで、カロリーベースの食料自給率は三九％から四二％に上昇するだけである。

一方、日本の最大の農産物輸入相手国であるアメリカからは小麦、トウモロコシ、油脂類、畜産品など高カロリーのものを多く輸入している。もしアメリカから輸入している食料をすべて国産品に切り替えれば、カロリーベースの食料自給率は一気に六六％に跳ね上がる。

日本の食料自給率を引き上げるためには、詰まるところアメリカから輸入している高カロリー食品を国内で生産すればよい。だが、それは食料の安定供給の確保にはまったく役立たない愚行である。そんなことをするよりも、オーストラリアや南米など、代替的な輸入先を確保しておくことのほうが重要なのだ。

中国のせいで日本の食卓からマグロが消える!?

食料自給の問題を考える上での一つの例として、最近日本で多くの関心を集めているマグロの問題を取り上げておこう。

二〇〇六年九月に放送されたNHKスペシャル「マグロが食卓から消える？　世界の魚争奪戦」を見て、将来マグロが食べられなくなると思った人も多かったようだ。この番組では、水産物の国際取引の場で日本の商社が中国などに競り負ける様子、中国で高まる海の魚に対する需要、燃料費の高騰や輸入マグロの流入により衰退する日本の遠洋マグロ漁業などが紹介され、日本人が現在大量に消費しているマグロの将来が安泰でないことを訴えた。

よく取材された番組ではあったが、同時に視聴者を誤った理解に導く危険性が高い番組だと思った。実際、大学の授業でこの番組を見せると、次のように誤解する学生がいることが分かった。

第一に、日本のマグロ漁業が衰退すると、日本の食卓からマグロが消えるという誤解である。

「世界の魚争奪戦」という副題のせいもあろうが、あたかも世界各国の業者が、自国内で食べる魚を求めて争っているような印象を与える恐れがあった。番組では、経営の立ち行かなくなった日本のマグロ漁業会社が手放した漁船を、中国の業者が買い取っていく姿が紹介されていた。これは、日本のマグロ漁船が中国の手に渡ると日本でマグロが手に入りにくくなると、視聴者に匂わせるような構成だった。

だが、実のところ、日本のマグロ漁業の衰退と、日本のマグロ消費とのあいだには何の関係もない。確かに日本のマグロ漁業は衰退傾向にあり、一九九〇年頃には年間三〇万トンあった漁獲量は、二〇〇六年には二〇万八〇〇〇トンにまで減っている。しかし、それにもかかわらず日本の市場に供給されるマグロは増えており、値段もむしろ下がっているのだ。

なぜか。それはマグロが大量に輸入されているからだ。

もともと日本の漁船が太平洋、大西洋、インド洋と世界の海でマグロを漁獲して日本の食卓に供してきたのが、国際的な漁獲制限やコスト高などの影響で、台湾、韓国、中国など日本以外の漁船によって漁獲される部分が増えてきた。だが、マグロを世界でもっとも大量に食べているのは日本人なので、どこの国の漁船が漁獲しようとも、結局は日本に輸出され、最後は日本人の胃袋に収まる構図になっているのだ。

世界一マグロを食べている日本人

具体的な数字で確認しておこう。二〇〇五年には世界中で一九五万トンのマグロが漁獲されたが、うち二二万五〇〇〇トンは日本の漁船が漁獲したものである。だが、同じ年に日本国内で消費されたマグロは五〇万六〇〇〇トンにも上る。消費量と漁獲量のあいだに三〇万トン近い差があるが、この差は外国の漁船が獲って日本に輸出したマグロである。

結局、日本人は世界中で漁獲されたマグロの二六％を食べたことになる。

特に日本人が好む高級マグロとなると、世界の漁獲量のほとんどを日本が独り占めしている。

例えば、日本人がマグロの王様とみなすクロマグロ（もっとも高価な「青森県大間のマグロ」もクロマグロである）の場合、世界で六万二五六七トン水揚げされたうちの七〇％を日本が消費した。同じく高級マグロで、世界で絶滅が危惧されているミナミマグロ（インドマグロ）の場合、世界で一万六一四六トン漁獲されたうちの、実に九七％が日本人の口に入っている。

また、ビンナガマグロは世界の漁獲量の二三％、メバチマグロは四四％が日本によって消費されている。赤身やトロの刺身になるような種類のマグロは、高い割合で日本人が消費しているといってよい。一方、身があまり赤くないため人気の低いキハダマグロは、世界的にはもっとも漁獲量が多く、アメリカなどでツナステーキやツナ缶として多く消費されているため、日本が消費する割合は一七％にとどまっている。

大学生にNHKの番組を見せて、学生たちが陥ったもう一つの誤解は、「中国が世界のマグロ消費において日本のライバルになる」というものである。確かに、つい一五年ほど前までは、中国人が食べる魚といえば鯉やソウギョなど養殖された川魚ばかりで、海沿いの都市に行かなければなかなか美味しい海の魚は食べられなかった。

それが一〇年ほど前から、中華料理の豪華な宴席で、サーモンや赤貝、ロブスターの刺身が出てくるようになった。私自身、一九九八年に新疆《しんきょう》ウイグル自治区のウルムチで、中華料理の円卓を囲んだ現地の人たちが刺身をつついているのを見たときには、中国の変化に心底驚き、同時に世界の魚資源の行く末が少し心配になった。中国人が海の魚の味に目覚め始めたことは間違いない。

だが、中国で海の魚一般に対して関心が高まっているとはいっても、とりたててマグロへの人気が高まっているわけではないし、日本を脅かすマグロ輸入国になっているわけでもない。例えば日本人が珍重するクロマグロ、ミナミマグロの輸入量を比べてみると、中国の輸入量はそれぞれ日本の一〇〇〇分の一、五〇〇〇分の一にすぎない（二〇〇六年のデータ）。

こんな微量の輸入が、どうして日本にとって脅威といえるだろうか。キハダマグロ、ビンナガマグロ、メバチマグロの輸入は増加傾向にあるが、それにしても中国のマグロ輸入量は七六六四トンで、日本の輸入量（二七万トン）の三五分の一にすぎないのである。

実は、中国が世界から輸入するマグロの量よりも、中国が日本に輸出するマグロのほうが圧倒的に多く、二〇〇六年に中国は日本に二万七六三八トンのマグロを輸出している。つまり、今のところ中国にとって、マグロは海外から輸入して食べるものというよりも、日本に輸出して儲けるものなのである。

もちろん将来中国人がマグロの味に目覚め、大量に輸入する時代が来ないという保証はない。だが、おそらくそんな時代が来るよりも、日本人による過消費によって世界のマグロ資源が枯渇するほうが先であろう。隣の人に食われるのが嫌だからと、しゃにむにマグロを消費し続けて資源を枯渇させてしまうなんて、まるで日本の昔話に出てくる「欲張り爺さん」みたいではないか。

「フードマイレージ」の誤解

最近、「フードマイル」とか「フードマイレージ」という言葉を耳にするようになった。食品を外国から輸入すると、船にしろ飛行機にしろ輸送する過程で二酸化炭素が排出される。なるべく地元で採れた食品を食べるようにすれば、輸送距離が短いために、二酸化炭素の排出量を減らすことができて地球環境に優しい。だから食品を選ぶときは、その食品の輸送過程で発生する二酸化炭素の量まで意識するようにしよう、というのがフードマイレージの主張である。

この主張自体は素晴らしいものだが、食品の生産と輸送に際して、どれだけ二酸化炭素が排出されるのかを正確に計算すべきだと思う。

例えば前述したように、日本は中国、台湾、韓国からかなりの量のマグロを輸入している。それは、これらの国々の漁船がアフリカ沖の大西洋などに出かけていって漁獲したマグロを、日本の運搬船に積み込み、直接日本の港に水揚げしたものである。いったん自国に持ち帰り、改めて日本に輸出しているわけではない。つまり日本の漁船がアフリカ沖に出かけていって漁獲するのと、輸送距離は何ら変わりはないのだ。

また、フードマイレージを唱える人たちは、輸送手段による二酸化炭素排出量の違いを考慮していない。例えば、タケノコを鹿児島から東京にトラックで運ぶと輸送距離は約一四〇〇キロメートル、中国浙江《せっこう》省から東京に船で運ぶと輸送距離は約一八〇〇キロメートルで、中国からのほうが輸送距離が長いから二酸化炭素を多量に排出する、と彼らは主張する。

ところが、一トンの荷物を一キロメートル運ぶときに排出される二酸化炭素の量は、トラックは船の約五倍なので、むしろ鹿児島産のほうが浙江省産よりも三倍以上も多いのだ（もちろん浙江省のタケノコ産地から港までトラック輸送する距離も、本当は計算に入れなくてはならないが）。

フードマイレージの問題提起は重要だが、食品輸送の実態を踏まえた計算をしないと単なる「いわれなき輸入食品叩き」になってしまう。

ただ私もフードマイレージの観点から、ぜひとも改めるべき日本人の悪しき消費習慣を一つ挙げたい。それは毎年一一月中旬に繰り広げられる「ボジョレーヌーボー」の騒ぎである。

かさばって重いワインは、普通は船で輸送するものであるが、ボジョレーヌーボーに限っては解禁日の商戦に間に合わせるために空輸される。飛行機で運ぶと、同じ距離を船で運ぶのに比べて四〇倍もの二酸化炭素が排出されるのだ。私の近所のコンビニでも、解禁日には外でセールをやっているくらいだから、日本全体で一体どれだけのボジョレーヌーボーを空輸し、どれほどの二酸化炭素を撒き散らしているのだろうか。そこまでして飲みたいものなのかどうか、よく考えてもらいたいものである。

中国産食品は本当に危険なのか

私がいつも行っている生協スーパーで、二種類の袋入りピーナッツが並べて売られていた。一つは「有機栽培ピーナッツ」と表示され、一二五グラム入りで一六八円。もう一つは「千葉産ピーナッツ」と表示され、六五グラム入りで四二八円。両方とも買って食べ比べてみたが、私の舌では味の違いは分からなかった。ちなみに「有機栽培ピーナッツ」のほうが若干大粒である。

二〇〇〇年に制定された「有機農産物の日本農林規格」により、決められた基準にしたがって減農薬・有機肥料を使って栽培されたとの検定と認証を受けた商品でなければ、「有機」「オーガニック」などと称することはできなくなった。「有機栽培ピーナッツ」には、認証を受けた証である「有機ＪＡＳマーク」が大きく刻印されていた。

味はほとんど区別できないものの、有機であることと大粒であることで「有機栽培ピーナッツ」のほうが価値が高いように私には思える。だが、実際にはグラムあたり単価に換算すると「千葉産ピーナッツ」のほうが約五倍も高い。

なぜだろうか。それはひとえに「千葉産ピーナッツ」の原産地が千葉県であるのに対して、「有機栽培ピーナッツ」の原産地が中国だからである。千葉産と書いてあるだけで、そのピーナッツに中国産の五倍の価値があると認める消費者がいるのである。

なぜ中国産食品はかくも人気がないのだろうか。それは日本の消費者が、中国産食品は安心できないと思っているからだ。だが、中国産食品よりも日本産食品のほうが安心できる、と多くの日本人が抱いている信念は果たして妥当なのだろうか。

〈質問〉二〇〇八年一月までの一年間に、日本では食中毒事件が一二九二件(患者数は三万一八八一人、死者は七人)発生しましたが、うち中国産食品を原因とする食中毒は何件でしょうか?

正解は三件。二〇〇七年一二月と二〇〇八年一月に千葉県で二件、兵庫県で一件発生した中国産冷凍ギョーザによる食中毒事件、例の「毒ギョーザ事件」だけである。ほかには中国産食品が原因の事件は一件も起きておらず、一二九二件のほとんどは日本国内に原因があって起きた事件である。

その割に「毒ギョーザ事件」が連日トップニュースの扱いだったのに対して、日本国内に原因がある事件はよほど大勢の患者が発生するか、死者が出ない限り報道すらされない。まさに「針小棒大」という言葉はこのためにある、といいたくなるような扱いである。

しかし、「冷凍ギョーザは危ないから買うのはやめて、近所の食堂でギョーザを食べたほうが安心だ」と思ったら大間違い。飲食店での衛生管理の悪さが原因で起きる食中毒事件は年間六〇〇件近く起きており、一万三〇〇〇人以上の患者が発生している。日本国内の飲食店のほうが、輸入冷凍食品よりもよほど食中毒のリスクが高いのである。

毒ギョーザ事件の原因となった冷凍ギョーザを製造した、河北《かほく》省の天洋《てんよう》食品の様子をテレビでご覧になった人も多いだろう。あの徹底した衛生管理がなされた清潔な工場と、あなたのご近所の中華料理店の厨房と、果たしてどちらがより衛生的か、冷静に考えてみてほしい。

食品衛生法違反割合の低い中国産

「そうはいっても、中国から輸入された野菜から基準を超えた農薬が検出されたり、ウナ

<図表6>日本への輸入食品が食品衛生法に違反する割合

年	2006	2007
中国	0.58%	0.42%
ベトナム	1.63%	1.02%
タイ	0.68%	0.65%
フィリピン	2.06%	1.18%
インドネシア	0.41%	0.77%
フランス	0.51%	0.55%
イタリア	0.75%	0.66%
アメリカ	1.32%	0.65%
エクアドル	26.64%	25.42%
ブラジル	0.38%	1.21%
ガーナ	18.18%	3.49%
平均	0.77%	0.60%

（出典）厚生労働省医薬食品局食品安全部「輸入食品監視統計」

ギから抗菌剤が検出されたりと、事件が相次いでいるじゃないですか」と疑問を持つ人も多いだろう。

だが、中国からの輸入食品に対して「針小棒大」の報道が行われているのではないかという、疑いの目を持って見てほしい。中国からの輸入食品が本当に危険なのかどうか、客観的なデータを見てみよう。

日本に輸入される食品は、厚生労働省検疫所や厚生労働省に登録された検査機関において検査を受けることになっている。その検査結果はインターネット上で公表されており、誰でも閲覧できる。そこから輸入相手国別に、どれくらいの割合で食品衛生法違反が出ているかをまとめたのが〈図表6〉である。

中国からの輸入食品の違反割合は、二〇〇六年には〇・五八％、二〇〇七年には〇・四二％と、日本の輸入食品全体の違反割合よりも低い。日本が多くの食品を輸入しているアメリカ、タイ、ベトナムのほうが高い割合で違反が起きている。

だが、アメリカ産食品が危険だとか、タイ産食品が危ないとは誰もいっていない。それどころか、これらの国々から輸入される食品でも毎年一〇〇件以上の違反が起きているのに、そのことが報道されたことすらない。明らかに中国産食品だけが危険だと、日本の消費者に思わせるようにバイアスのかかった報道が行われているのである。

「でも、中国からの輸入食品は違反件数がもっとも多いと聞きましたが」と反論する人もいるかもしれない。実際、二〇〇六年に中国産食品の違反件数は五三〇件、二〇〇七年は四〇九件で、国別に見るともっとも多い。だが、これは中国から野菜や水産物、加工食品など多岐にわたる食品を輸入しているため、検査回数がもっとも多いからである。

ちなみに、年間一〇〇件以上の検査が行われる輸入先国のなかで、もっとも違反割合が高かったのは二〇〇六年と二〇〇七年の二年続けてエクアドルだった。何が違反したのかといえばカカオ豆である。ガーナの違反割合が高いのも、やはりカカオ豆が原因である。

では、もっとも危険なのはカカオ豆を原料とするココアやチョコレートなのだろうか。

チョコレート業界の人に伺ったところでは、カカオ豆が輸入検査に引っかかるのは、皮に付着した農薬が基準を超えてしまうことが多いからだという。しかし、チョコレートを作る際に皮はむいて捨ててしまうので、皮に農薬がついていてもチョコレートに混入する恐れはまったくないのだそうだ。ところが検疫所では、皮と中身とを一緒に粉砕して検査するため、高い割合で違反が出てしまうのだという。

「国産品が安心」に根拠なし

それでも「輸入食品のなかで、中国産が特に危ないという見方はまったくの誤りであることは納得できた。しかし日本国内産の食品よりは危ないのではないか」と思う人もいるかもしれない。この点も客観的なデータで検証してみよう。

日本国内産の食品に対しては、輸入食品に対するほど厳格で広範囲な検査は行われていないが、食品への残留農薬に限っては、国産品と輸入品の両方を対象とした厚生労働省の検査結果が公開されている。それによれば、二〇〇二年に残留農薬が検出された食品は国産品が〇・四四％、輸入品が〇・三四％、二〇〇三年には国産品が〇・三四％、輸入品が〇・二一％であった。

何と国産の食品のほうが、残留農薬が検出される割合が高いのである！

テレビで街頭インタビューされる人たちは「安心できるから国産品を買うようにしています」と答えているし、スーパーでも「安心の国産品」などと銘打って食品が売られている。なのに国産品のほうが安全だという客観的根拠はないのである。ちなみに、残留農薬に関する上記の検査では、基準を超えた農薬が検出された割合は国産品、輸入品ともに〇・〇一％であった。これを見る限り、輸入品も国産品も農薬の残留を心配する必要はほとんどなく、「国産品のほうが安心」というのはまったくの迷信であることが分かる。

日本の消費者の多くが持っている「中国産食品が危ない」というイメージ、というよりも信念は、ごく稀に起きる違反のケースを針小棒大に報じるマスコミと、冷凍ギョーザに大量の農薬が仕込まれていたという衝撃的な事件との、相乗効果によって生じた幻想である。実際には、日本政府が輸入食品に対して厳格な規制と審査を行い、国民の健康を保護しており、その厳しい基準をクリアして入って来た中国産食品は、極めて安全性が高いといえる。

人体に害のない「事故米」騒動

日本政府が、いかに厳格な基準をもって輸入食品を規制しているかを物語る格好の事例が、二〇〇八年九月に公になった「事故米転売事件」である。ここで事件の顚末《てんまつ》を復習しておこう。

日本は世界貿易機関（WTO）での交渉によって、一定量の米を海外から輸入することを諸外国に約束してしまった。そうした義務に基づいて輸入した米のなかで、残留農薬が基準値を超えていたものや、保管の途中でカビが生えてしまったものを「事故米」と呼び、農林水産省はそれを糊の原料などの工業用や、飼料、肥料にするなど食用以外の用途に使うという条件つきで、民間企業に安く売却している。

ところが、その事故米を大量に購入した大阪の三笠フーズや名古屋の浅井といった業者が、食用の米として転売し、日本酒や焼酎、米菓などの原料として、また赤飯やおこわの材料として幅広く使われてしまった。これが「事故米転売事件」である。ちなみに「事故米」として転売された米は、中国産やベトナム産だった。

さて、「事故米」というが、一体どれくらいの農薬が含まれていたのか。二〇〇八年九月一六日のテレビのニュースによれば、大阪市の担当部署が、転売された事故米のうち市内の病院に売られた中国産もち米を調べたところ、殺虫剤「メタミドホス」が最大で基準値の六倍にあたる〇・〇六ＰＰＭ検出されたという。

この「六倍」というところでアナウンサーは目を大きく見開いて声を張り上げ、「高濃度の農薬」を含んだ米が出回っていた驚愕の事実を伝えようとした。だが、私はそのあとに続く「〇・〇六ＰＰＭ」という濃度を聞いて、危うく椅子からずり落ちそうになった。

このアナウンサーはどうやらご存じなかったようだが、〇・〇六ＰＰＭとは「一億分の六」、つまり「〇・〇〇〇〇〇六％」という意味である。例えていうなら、「日本国民のなかに殺人犯が六人いるから怖いですねえ」といっているようなものである。ちなみに、日本では一年間に一二〇〇件ほどの殺人事件が起きているが、日本は世界的にも「治安の良い国」として知られている。一億分の六というのは、常識的感覚からいっても極めて微量といえるだろう。

実は日本で我々が通常食べている米には、もっと多くの農薬が含まれている可能性がある。例えば、日本の稲作でも広く使われている殺菌剤「メプロニル」は、厚生労働省の基準では、米のなかに二PPM（すなわち一〇〇万分の二）までの残留が認められている。つまり、アナウンサーが目を丸くして驚いてみせた量の、三三倍の濃度で農薬が含まれているかもしれない米を、我々は毎日嚙みしめているのだ。

私は何も日本の米は農薬が入っていて危ない、といおうとしているのではない。残留農薬の基準値は動物実験を繰り返し行って、人間が毎日食べても健康に影響がないレベルに設定されており、その範囲内の残留であれば不安に思う必要はないといいたいのだ。

私が強調したいのは、もし残留農薬が気になるのであれば「基準値の六倍」という数値だけでなく、ぜひそのあとの「〇・〇六PPM」という数値にも注意をしてほしいということだ。このニュースから我々が読みとるべきことは、日本政府が極めて厳しい基準によって農産物の残留農薬を検査しており、その厳格な基準に引っかかった米が「事故米」だということである。

「汚染米」というなかれ

日本政府が実施している残留農薬に関する厳格な基準とは、二〇〇六年に導入された

「ポジティブリスト制度」と呼ばれるものである。それ以前は、農産物に残留してはいけないものを列挙する規制であったのに対して、「ポジティブリスト制度」は、それまでとは逆に農産物に基準値以内であれば残留していても許される農薬を列挙し、それ以外の農薬については一律に残留を認めない、とする制度である。

ただし、どんな物質であっても、ほんの微量を摂取しただけでは人体にまったく害がないので、認められていない農薬でも〇・〇一ＰＰＭ以内であれば残留していても良いとされている。ちなみに、猛毒で知られる青酸カリが茶わん一杯のご飯に入っていたとして、その致死量は二〇〇〇ＰＰＭくらい。〇・〇一ＰＰＭであれば、青酸カリであっても人体には無害なのだ。

先ほどの米の例でいえば、殺菌剤「メプロニル」は二ＰＰＭまで残留が認められているのに対して、殺虫剤「メタミドホス」は残留が認められる農薬のリストには入っていないため、〇・〇一ＰＰＭ以内という基準が適用される。

中国では、日本では認められていない農薬が使われていることも多い。そのため、日本向け輸出農産物に使用する農薬をどんなに厳しく監督しても、例えば日本向け輸出農産物の畑から数キロメートル離れた、中国国内向け農産物の畑で撒かれた農薬が、風に乗って飛来して付着するということが起きてしまう。

〇・〇一PPMという基準は、わずかに飛来した農薬が付着した農産物さえもハネてしまうほどの、厳しい基準である。「中国産農産物から基準を上回る農薬が検出された」という報道を見たときによく注意してほしいが、多くはこの「ポジティブリスト」で認められた以外の農薬は〇・〇一PPM以内」という基準にひっかかったものである。だから、この基準にひっかかった農産物から仮に基準値の六倍の農薬が検出されたとしても、人の健康に害を与える恐れはないのだ。

実際、「事故米」問題が起きたとき、太田誠一農林水産大臣（当時）はテレビの取材に対して「（事故米を食べても）人体に影響ないということは自信を持っていえる。だからあまりじたばた騒いでいない」と語った。この発言は大きな問題となり、その一週間後に太田農水相が辞任する原因の一つともなったが、「人体に影響ない」という点に関しては単なる大臣の放言ではない。実際に食品安全委員会が検証している。

この発言が問題なのは、事故米による健康被害の恐れを軽く見ていたからではない。国の法律にしたがって「事故米」とされたものが、食用に転売されるという法律違反が極めて広範に行われていた状態を、法の執行者たるべき農水省が見過ごしていたこと。さらには「じたばた騒いでいない」といって、農水省の監督責任にほおかむりする姿勢を見せたことが問題なのである。

太田農水相がいみじくも漏らしてしまったように、農林水産省は「事故米は食べても大丈夫」という認識を持っていたのだと思う。だから、「事故米」の行方に対する検査がおざなりだった、というのが問題の本質である。それをマスコミはいつの間にか「事故米」を「汚染米」といい換え、あたかも汚染物質が日本国中に散布されたかのごとく騒ぎ立てた。

だが、こうした報道は問題の本質を見誤っている。「事故米転売事件」が示しているのは、「食の安心・安全が危険にさらされている」といったことではない。規制している政府当局者自体が、内心厳しすぎると思って思わず監視の手を緩めてしまうほどの厳しい基準を、日本政府が設けているということなのだ。

家庭での無農薬栽培の落とし穴

先日、「輸入農産物は危ないし、国産品だって信用できないので、自家で消費する野菜は自分で無農薬栽培することにした」という東京都内の家庭をテレビで紹介していた。だが、あなたが自分の庭で農薬を使わずに作った野菜のほうが、実はよほど多くの農薬を含んでいる可能性がある。なぜなら、日本の土には過去に使われた農薬が染み込んでしまっているからだ。

例えば、東京都内では、一九七五年までは日本の農業で広く使われ、その後は毒性の強さから使用を禁止された殺虫剤「ディルドリン」が土壌に残留している。そのため、たとえ栽培の過程で農薬をまったく使わなかったとしても、都内で収穫されたキュウリから最大〇・一ＰＰＭの濃度でディルドリンが検出されるという。これは政府の定めた残留基準の五倍である。

つまり、自分では無農薬で栽培したつもりでも、土壌に残留する農薬が入り込む、または植木屋さんが植木に噴霧した農薬が飛来するなどして、実際には無農薬どころか、政府の定めた残留農薬基準を大幅に上回る代物を作っている可能性があるわけだ。

「自分の作った野菜は農薬を使っていないから安心だ」と思っていられるのは、残留農薬検査を受けることがないあいだだけである。

輸入農産物は危ないが自分で作れば安心だ、というのはまったくの幻想。むしろ、常に厳しい検査を受けなければならない輸入農産物のほうが、残留農薬検査を受ける機会すらない自家製の野菜よりも安全性が高いというべきである。

毒ギョーザ事件の本質

「そんなことといったって、現に毒ギョーザ事件が起きたじゃないですか！」

多くの方はそう反論するだろう。確かに三家族、一〇人が被害に遭い、うち五歳の女の子が一時意識不明に陥った事態を重く受け止め、なぜこのような事件が起きたのか解明してほしいものである。

しかし、問題のギョーザは「中国の天洋食品で製造され、ＪＴフーズが輸入し、生協ブランドで販売されたもの」である。それなのになぜ、マスコミや消費者はこの事件を「生協の商品は危ない」と解釈するのでもなければ、「ＪＴフーズの商品は危ない」と解釈するのでもなく、「中国産食品は危ない」と解釈したのだろうか。

実際、食品工場での品質管理に長く従事されてきた河岸宏和氏も、疑問を呈している。毒ギョーザ事件が起きたのは、農薬の混入が起きたと疑われている中国の工場の管理責任だけでなく、製造を委託した日本側の業者の管理体制の甘さにも責任があるはずなのに、なぜ日本側の管理責任にも議論の矛先が向かわないのだろうか、と。

それは二〇〇七年夏頃から、各メディアで中国産食品の危険性を訴える数々の報道がなされていたという下地があったからだ。毒ギョーザ事件はそうした報道によって生じた、日本の消費者の中国産食品に対する疑いを証明するかのように、格好のタイミングで起きたのである。

だが、毒ギョーザ事件は野菜の残留農薬やウナギの抗菌剤といった、これまで起きていた問題とはまるで次元を異にする問題である。

厚生労働省の残留農薬検査によって中国産野菜から検出される農薬の量は、どんなに多い場合でもせいぜい数PPMどまりであった。例えば二〇〇二年に大きな問題となり、日本政府が中国からの輸入を一時禁止する事態にまで至った冷凍ホウレンソウの場合、殺虫剤「クロルピリホス」が最大で二・五PPM検出された。基準値を大幅に上回る量ではあったが、健康被害はまったく起きなかった。

ところが、今回毒ギョーザ事件で被害者宅にあった残りのギョーザから検出されたメタミドホスは、実に三万一一三〇PPMにも達した。パーセントで表示すれば三％である。

これは、野菜の栽培過程で使われた農薬が残留したものではあり得ない。ギョーザが製造されてから日本の店頭に並ぶまでのあいだに、誰かが意図的にギョーザを農薬に浸したとしか考えられないのだ。つまりこの事件は、ギョーザを食べる不特定多数の人を害する目的で行われたテロである。

毒ギョーザ事件から得られる教訓

では、誰が何のために農薬を入れたのか。日本と中国の警察による捜査にもかかわらず、真相は依然藪《やぶ》の中だ。しかし、そんななか、天洋食品に回収された冷凍ギョーザが、同じ河北省の国有企業に転売されて従業員に配布され、それを食べた人のうち四人がメタミドホスによる中毒になったことが、二〇〇九年一月に発覚した。

この第二の中毒事件が起きたことで、最初は「中国国内で混入された可能性は極めて低い」といっていた中国の警察も、工場のなかで混入された可能性に傾き始め、改めて捜査しているという。

それにしても、回収された冷凍ギョーザを転売してしまうなんて、中国の当局も工場も、国内で農薬が入れられたわけがないと本気で信じていたのであろう。中国の警察には、「輸出食品に農薬を入れて中国側に何のトクがあるだろうか」という思い込みがあったに違いない。

だが、思い込みに基づく捜査によって、早々と自国内での混入を否定してしまったがために、結局犯人逮捕の機会を逸したのだ。日本での中国産食品に対する不安を払拭できないばかりか、中国国内での新たな中毒被害まで引き起こすことになるとは、中国の警察も何と愚かなのだろう。

毒ギョーザ事件は、それまで問題とされてきた野菜の残留農薬問題とはまったく性質が違っているので、必要な対策も異なる。この事件が起きたからといって、輸入検査をより厳しく徹底すべきだと叫ぶのはまったく筋違いである。厚生労働省が輸入食品に対して行う検査は、このような事件を防ぐことが目的ではないし、そうしたことを求めるのは現実的ではない。

厚生労働省が行っているサンプル検査は、例えば食品工場が不衛生であることや、農家が農薬の使い方を間違えるなどして起きる不良、要するに、何か悪いものを輸出してやろうという意図はないのだが、衛生管理や品質管理が不十分で起きる問題を見つけるには有効である。検査に引っかかることで、輸出業者に管理を徹底する必要性を自覚させ、改善を促す効果がある。

だが、誰かが意図的に毒を仕込んだような場合には、サンプル検査ではまず見つからない。これを防ぐには全量検査するしかないが、それは要するに政府が日本国民のために「お毒見」をしろと主張するようなものであり、そのコストを考えた場合、とうてい実現できることではない。

かつて日本中が「グリコ・森永事件」によって何年も振り回されたように、毒ギョーザ事件のような無差別テロを根本的に防止することは、不可能であるといってよい。だが、今回の事件を教訓にして打てる対策はいろいろある。日本の食品業界は「タンパーエビデンス」、すなわち工場外で食品や包装に手が加えられた場合に、その証拠が残るような包装の工夫をするなど、事件の再発を予防する手だてを講じるべきだろう。

「製品の仕入れ先を、中国からタイや日本国内に切り替えたから安心です」などというのは、消費者を欺く行為である。どこの国にだって悪人や変人はいる。どこに悪人が潜んでいても、食品に毒を仕込まれない態勢作りをすべきなのである。さらに、当然ながら、早急な犯人逮捕こそもっとも有効な食品テロ防止策である。

中国国内には存在しない「食の安全」

二〇〇八年一月に毒ギョーザ事件が勃発する以前から、日本の消費者の中国産食品離れは始まっていた。中国産食品への不信を高めた一つの原因は、二〇〇七年七月に北京のテレビ局が報じた「段ボール肉まん事件」であった。

肉まんの餡《あん》を段ボールで作ったというこの報道は、後に捏造《ねつぞう》だったと判明した。しかし、これを機に日本の各メディアが、ここ数年のあいだに中国で起きた様々な食品衛生問題を面白おかしく取り上げたことで、中国産食品は危ないという消費者の懸念を強めることになった。

確かに、中国国内の食品衛生は決して楽観できる状況にはない。「食の安全・安心」という言葉が最近日本でよく聞かれるが、中国には「食の安全」は存在しない。そのことは私自身も、北京での一九九一年からの二年間の生活などを通じて身をもって体験した。

私は北京のある研究所に籍を置いていたのだが、赴任間もない頃、私の世話役の中国人研究者に「僕は毎日研究所に行って研究したい」といったところ、彼は「来るな」という。

一九八九年の天安門事件の傷跡もまだ生々しい時期で、外国人が研究所をウロチョロしては困るような事情でもあるのだろうか、といぶかしく思ったところ、彼がいうには研究所の食堂がとてもまずいから来ないほうがいいのだという。

彼の忠告を無視して、私はその後二年間その食堂でずっと昼食をとり続けたのだが、確かに彼がいった通り味は悪いし、料理の仕方はおざなりだし、不衛生でもあった。おかずのなかにゴキブリの体の一部が入っているのを発見したことも二、三度ある。いろいろな虫を食用にする中国人であっても、さすがにゴキブリまでは食べない。衛生管理が悪いために、野菜に紛れ込んだゴキブリを一緒に炒めてしまったのだ。

友人たちからは、街頭の屋台は不衛生だから食べるなともいわれた。私はこの忠告も頻繁に無視したが、確かに串焼き肉の屋台の周辺では、客が肉を食べて捨てた串を回収しているのを見かけたし（もちろん串を再利用するためである）、ワンタンの屋台の裏では黒く濁った水でドンブリを洗っている。ナマズ料理のレストランでたまたま厨房の横を通ったときには、コックが客の食べ残した料理を鍋に再投入する現場を目撃した。

汽車で旅行したときに駅でミネラルウォーターを買った際、よく見たら蓋にはすでに開けた痕跡があって、なかには臭い水が入っていたこともある。また、ご飯を食べていると歯に強い衝撃を感じることも頻繁にあった。何かと思って見てみると、米粒大の小石が入っているのである。小石が米に紛れ込むのは、かつて農村でよく見かけた省エネ型の脱穀法のせいだ。すなわち、舗装道路に籾《もみ》を敷き詰めておいて、通行する車に上を走らせるのである。

食の不衛生の話をしだせばキリがないが、読者が中国に行きたくなくならないように付け加えておくと、中国で美味しかった食べ物の思い出はそれ以上に数限りない。ただ、やはり中国には「食の安全」はない。注意を怠ると変なものを食べてしまうリスクは、日本よりかなり高い。

中国の衛生部（日本の厚生労働省に相当）が、食品メーカーや小売店を対象に毎年一〇〇万から二〇〇〇万の食品のサンプルを集めて行っている、食品衛生検査の合格率にもそれは表れている。私が北京に住んでいた一九九〇年代前半には、合格率が八割程度だったのが、最近では九割程度まで上昇しており、昔よりも食の安全性は高まっているといえる。しかし、それでも一割以上の食品が不合格だというのは、相当に深刻な数字である。

中国国内で多発する食品衛生問題

日本で同じ検査を行ったら合格率は一体何パーセントになるのか、同種の検査が行われていないため想像もつかないが、輸入食品に対しては食品衛生法全般に違反しているかどうかのチェックが行われている。その結果はすでに〈図表6〉で見た通りで、日本への輸入食品の違反割合は、中国産も小数点一桁レベルである。

中国国内で行われている食品衛生検査の基準と、日本政府が輸入食品に対して行っている検査の基準は必ずしも同じではないが、日本側の基準が中国国内の基準よりも甘いということはないだろう。中国国内の食品衛生はまだ問題が多いが、中国から日本へ輸出される食品は、それとはまったく別世界といってもいいほど格段に衛生レベルが高い。これは食品を現地で生産している日本企業や、日本の輸入業者から生産の委託を受けている中国の工場、そして中国の農民たちが、日本の厳しい基準を満たすよう努めている結果である。

中国国内で起きている食品衛生問題は、日本に入ってくる中国産食品とは基本的には無関係だといってよいが、中国国内の問題が不安を招いていることは否めない。中国国内でどんな問題が起きているのか、中国政府の国家食品薬品監督管理局のレポートから、二〇〇六年の一年間に中国で発生した重大な食品衛生事件を見てみよう。

二〇〇六年六月には、内蒙古《うちもうこ》自治区で劣悪な粉ミルクが摘発された。この粉ミルクはカルシウムや鉄、亜鉛などを補った老人向けの製品と謳《うた》っていたが、実際にはタンパク質含有量がゼロに近かった。

七月には、武漢《ぶかん》市などで「人造ハチミツ」事件が起きた。砂糖に水と硫酸を加えたものや、水飴をハチミツと称しているもの、穀物から作った糖みつをハチミツと称するものなどが見つかったのだ。業者はそうした原料に増粘剤、甘味料、防腐剤、香料、色素などを加えるため、病気持ちの人が食べると病状がさらに重くなるという。

八月には浙江省台州《たいしゅう》市のラード工場が摘発された。この工場では廃棄された食用油と、豚皮の加工に使われた工業用油をもとに「ラード」を製造していた。製造された油は著しく酸化していた上に、なかから殺虫剤のＤＤＴまで検出されたという。

九月には、上海で豚肉を食べた市民三〇〇人以上が病院で治療を受けるという、重大な食中毒事件が発生した。原因は、豚の脂身を減らして赤身肉の割合を高める効果を持つ「痩肉精《そうにくせい》」（塩酸クレンブテロール）が豚肉に含まれていたことだ。この薬品による食中毒事件は、一九九八年以降、中国国内で一八回も起きており、一七〇〇人以上が食中毒になったという。さらに、一一月には河北省産の塩漬けのアヒルの卵に、発ガン性があるとして使用が禁止されている着色料が使われていることが発覚した。

デマ情報に踊らされてはいけない

このように、毎月のように広い中国のどこかでかなり悪質な食品衛生上の問題が起きている。しかも、老人向け粉ミルクといい、赤身肉といい、人造ハチミツといい、中国国民の健康志向の高まりを逆手にとって不正に儲けようとするケースが目立つ。

もっとも、中国国内で食品の安全に対する人々の関心が高まっているなかで、デマ情報も数多く飛び交っている。「段ボール肉まん事件」がその典型だが、そのほかにも「農民がスイカを赤くしようとインキを注入した」というデマが広まって、スイカの値段が下がったことがあった。日本の一部メディアでは、亜硝酸塩を食塩と称して売っているという話もまことしやかに伝わっている。

これらのデマ情報の共通点は、冷静に考えてみると、どれも経済合理的な行動ではないということだ。段ボールを挽肉《ひきにく》に似せるには、ずいぶん手間がかかる上に本物の挽肉を使うよりたぶん高くつくし、どれほど似せようとも、さすがに一口食べれば簡単に見破られるはずだ。

また中国では日本と違ってスイカは安いので、農民がわざわざインキを注入するほどのコストをかけるとは思えない。亜硝酸塩を食塩と称して売っている、というのも中国語を中途半端にしか読解できない日本人が引き起こした誤解である。

ただ、中国の食塩で本当に起きている問題は別である。中国の多くの地方では土地に含まれるヨードが不足しており、その結果、甲状腺の疾患や知能障害などが起きている。そこで政府は一九九五年から、食塩にヨードを入れることを義務づける法律を施行した。

ところが、ヨードの入っていない密造の塩や、工業用の塩化ナトリウムを、正規の食塩（つまりヨード入りの）として売るケースが問題になっている。確かに、工業用塩に何らかの理由で亜硝酸塩が混じり、それを口にした人が死亡した事件は起きたが、亜硝酸塩自体は食塩より高価なものなので、それを食塩と称して売るなどということは合理的ではないのである。

歪んだ構造が生んだ牛乳へのメラミン混入問題

ここ数年のあいだに起こった食品安全にかかわる問題のなかでも、中国でもっとも大きな問題になったのが、二〇〇八年九月に発覚した「牛乳へのメラミン混入問題」である。これは大手乳業メーカーの石家荘《せっかそう》三鹿《さんろく》集団が製造した粉ミルクに、プラスチック原料などに使われるメラミンが混入していて、六〇〇〇人以上の乳幼児などが腎臓結石にかかり、五人が死亡したという事件だ。

その後、三鹿集団のみならず、トップメーカーの内蒙古伊利《いり》集団を含む全国二二社のメーカーの粉ミルクにも、メラミンが混入していることが明らかとなった。問題は日本にも波及し、レストランチェーン店「サイゼリヤ」のピザ生地や、丸大食品の菓子からメラミンが検出されて回収された。

メラミン混入問題は被害が甚大であると同時に、問題発生の理由が毒ギョーザ事件のような偶発的なものではなく、構造的なものだという点で極めて重大である。

この問題は、一九七八年末に中国が改革開放政策を始めて以来続いている、牛乳に混ぜものをして儲けようとする畜産農家側と、それを防ごうとする乳業メーカーとのせめぎ合いの果てに起きた。

一九七〇年代末頃、中国では乳牛はほとんど国営農場で飼育され、個別の農家が飼育するケースは稀だったが、その頃から畜産農家は牛乳のかさを増やそうとあれこれ策をめぐらせ始めた。最初は単に水を混ぜるだけだった。当時は乳業メーカー側も、重量ないし体積だけを測って買い付けていて、本物の牛乳かどうかは官能検査、すなわち人間の味覚や嗅覚でしか検査していなかった。そのため、一五％程度まで水を混ぜてもばれなかったという。

改革開放政策が進むにつれ、畜産の主体は個別の農家になっていくが、牛乳を水増しして儲けようとする農家の「努力」もますます広範になっていった。そこで、乳業メーカーは買い付ける牛乳の比重を検査するようになった。水を混ぜれば比重が下がるからである。すると、畜産農家の側は水だけでなく、薄いお粥や豆乳、糊、塩、化学肥料、牛の尿などの物質を混ぜて比重を高め、検査を通過しようとした。

そうした不正を見抜こうと、乳業メーカーは次第に牛乳の酸性・アルカリ性の検査、でんぷん検査、融点検査などを増やしたが、不正をなかなか見破ることができなかった。

そうしたなかで、一九八〇年代初めに最初の粉ミルク中毒事件が発生した。それは原料の牛乳に水が混ぜられたあと、土壁の上に浮かんだ塩が混ぜられていたため、その塩のなかに含まれていた亜硝酸塩によって中毒が起きたのである。

そこで乳業メーカーは、牛乳に含まれる脂肪分を測定するようになった。すると、畜産農家側は、今度は肝油《かんゆ》や植物性脂肪を混ぜて検査をクリアする術を覚えた。次いで乳業メーカーは、赤外線を用いた牛乳の成分分析機を導入した。この機械は、脂肪分だけでなくタンパク質も測定することができる。ところが、畜産農家側も豆乳や尿素を混ぜてこの検査をクリアしようとした。

この頃になると、成分分析機を欺き、水を混ぜても脂肪分とタンパク質が規定の量だけ入っているように見せかける添加剤を開発する、ヤミの「研究機関」まで現れた。さらには、乳業メーカーが行う抗生物質残留検査をクリアするために、抗生物質を分解する添加物の開発、また添加物を加える際にどうしても細菌に汚染されやすいので、それに対処するための殺菌薬や消毒剤まで開発された。

農家とメーカーのあいだの深い溝

混ぜものの内容は、このように「高度化」していった。そして混ぜる主体も最初は乳牛を飼う畜産農家だったのが、次第に農家が牛を連れて行って乳を搾る私営の集乳場で、いろいろな混ぜものが行われるようになった。

河北省の私営集乳場で、牛乳にメラミンを混ぜ始めたのは二〇〇五年だという。メラミンは窒素を多く含んでいるため、牛乳を水で稀釈してもメラミンを混ぜると、タンパク質を多く含んでいるように見せかけることができる。おまけに見た目も牛乳に似ているのだという。

そして今回の大事件を引き起こした首謀者の一人とされ、二〇〇九年一月に死刑判決を受けた張玉軍《ちょうぎょくぐん》が登場する。畜産農家だった彼は、尿素に麦芽糊精《ばくがこせい》を混ぜるとタンパク質に見せかけることができることを知ったが、尿素は臭いがきつくてばれてしまうので、あれこれ試験と改良を加えた結果、メラミンと麦芽糊精を混ぜる製法を発明した。そしてこれを「蛋白粉《たんぱくふん》」と称して六〇〇トンも製造し、集乳場や畜産農家に売りまくったのである。

以上のように、検査手段を高度化すると、それに対応するように混ぜものの方法も高度化し、悪質さを増していく。結局、買い付ける牛乳に対する検査を強化することだけで不正を防ごうとする、これまでの乳業メーカーのやり方では限界がある。

そうした限界を克服するために、アメリカで開発された危険防止のシステムがＨＡＣＣＰ（**Hazard Analysis and Critical Control Point**）だ。これは原料の入荷から製造・出荷までのすべての工程において、あらかじめ危害を予測し、その危害を防止するための重要管理ポイントを特定して、そのポイントを継続的に監視・記録するシステムである。

ところが、問題を起こした石家荘三鹿集団を含め、すでに多くの中国の乳業メーカーがＨＡＣＣＰの認証を取得していた。つまりＨＡＣＣＰの認証が形ばかりのもので、実際の被害の発生を防げなかったことが暴露されてしまったわけだ。

石家荘三鹿集団は、メラミンが混入した牛乳を使った製品が市場に流れるのを防げなかったばかりか、問題を発見してから対処するまでに時間がかかり被害を拡大したとして、関係者が逮捕された。ただ、石家荘三鹿集団をはじめとする乳業メーカーは、加害者であると同時に、騙されてメラミン混じりの牛乳を買い取った被害者という側面もある。

中国の乳業メーカーと畜産農家とのあいだで、混ぜものをめぐる三〇年来の争いが続いている背景には、畜産が極めて小さな規模で行われていることが挙げられる。中国の畜産農家の九八％は、乳牛を二〇頭以下しか飼っていない零細農家である。メーカーは多数の零細農家から牛乳を買い集めるので、そのなかに混ぜものをする悪質な農家が紛れ込むのを防ぐことが難しい。また多数の農家から買い集める手間を省くために、あいだに民間の搾乳業者が介在するが、こうした業者が盛んにメラミンを混ぜていた。

問題の背景には、乳業メーカーと農家のあいだに信頼関係が欠如しているという問題がある。農家は零細であるのに対して、乳業メーカーは各省のなかで独占的な地位にある。問題を起こした河北省の畜産農家にとって、石家荘三鹿集団は牛乳を買ってくれるほぼ唯一の買い手であった。

そのため、農家は乳業メーカーの言い値で牛乳を売るしかなかった。乳業メーカーは、普段はコストぎりぎりの安い値段でしか買わず、たまに牛乳が多く欲しくなると値段を上げて買い集め、牛乳があまってくると、せっかく搾って持っていっても買ってくれない。農家は乳業メーカーの横暴を恨み、何とか混ぜものをして出し抜いて儲けてやろうと画策するわけだ。

さらに、農家自身が牛乳の消費者ではないことも問題の背景にあるようだ。二〇〇〇年から二〇〇六年のあいだに、中国の都市部では一人あたりの牛乳・乳製品の消費量は二倍に拡大したが、農村部の消費量はその七分の一以下にすぎない。農村には冷蔵施設を完備した商店も少ないし、そこへ牛乳を届ける冷蔵車もなく、冷蔵庫がない家庭もまだ多い。畜産農家には、牛乳や乳製品は自らとは階層が異なる都市市民が飲食するもの、という意識があるのかもしれない。

中国で大問題になったメラミン混入問題が、サイゼリヤと丸大食品を通じて日本にも波及してきたことは、日本に輸出される食品は厳しく品質管理されているから中国国内で起きている問題とは無縁だ、といい切れない現実があることを示した。良きにつけ悪しきにつけ、中国と日本の食は深いところでつながっているのである。

〈第1章　参考文献〉

『南日本新聞』二〇〇八年一一月一日／『徳島新聞』二〇〇八年九月一一日／『Fuji Sankei Business』二〇〇八年二月二三日／『日本農業新聞』二〇〇八年四月三日／『岩手日報』二〇〇七年六月二日・夕刊／『毎日新聞』二〇〇八年八月九日／『日本経済新聞』二〇〇七年八月八日、二〇〇八年九月一三日、一二月一日／『東奥日報』二〇〇八年二月二三日／『河北新報』二〇〇八年三月三一日、四月一日／日本特用林産振興会ホームページ／『中国野菜と日本の食卓』大島一二編著、芦書房、二〇〇七年／『経済参考報』二〇〇八年一一月一三日／USDA, FAS, World Markets and Trade: 2007/08 Global Concentrated Apple Juice.／『中国野菜企業の輸出戦略――残留農薬事件の衝撃と克服過程』坂爪浩史・朴紅・坂下明彦編著、筑波書房、二〇〇六年／『日経MJ』二〇〇八年二月一八日／『食品の迷信』芳川充、ポプラ社、二〇〇八年／『読売新聞』二〇〇七年一月二九日・東京版／『朝日新聞』二〇〇八年一〇月一五日／『日本の食卓からマグロが消える日――世界の魚争奪戦』星野真澄、NHK出版、二〇〇七年／国際連合食糧農業機関／農林水産省／「フードマイレージ・キャンペーン」ホームページ／『誤解だらけの「危ない話」』小島正美、エネルギーフォーラム、二〇〇八年／『食品中の残留農薬検査結果等の公表について（概要）』厚生労働省医薬食品局食品安全部基準審査課、二〇〇六年四月一八日、二〇〇八年一〇月二九日／『踊る「食の安全」――農薬から見える日本の食卓』松永和紀、家の光協会、二〇〇六年／食品安全委員会ホームページ／『〝食の安全〟はどこまで信用できるのか――現場から見た品質管理の真実』河岸宏和、アスキー新書、二〇〇八年／『中国食品薬品監督管理年鑑（2007）』国家食品薬品監督管理局、中国経済出版社、二〇〇七年

第2章

世界の衣服工場・中国

～「日本製」のなかに潜む中国製品～

世界の衣服工場へと躍進した中国

小林聡美さんが主演した映画で『てなもんや商社』（本木克英監督、一九九八年）という作品がある。中国貿易専門の商社に入社し、中国からの輸入商品のチェックを担当することになったOLが、中国の衣服工場のいい加減さに翻弄されるさまを面白おかしく描いたコメディだ。この映画は、原作者の谷崎光さんが一九八〇年代末頃に実際に体験したことを基に描かれており、当時中国の工場に衣服の生産を委託するビジネスに多くの苦労があったことが分かる。

私自身も一九八八年に、広州《こうしゅう》市で日本のアパレルメーカーが経営するスキーウェアの工場を訪れて、苦労話を聞いたことを思い出す。当時、日本はバブル景気の真っ盛りで、二〇代の若者のあいだでは空前のスキーブームが起きていた。

だが、若者たちが着るスキーウェアを生産する日本の地方の工場では、働き手がなかなか見つからないことに悩んでいた。当時アパレル縫製業の方から伺ったところでは、「日本の工場で服を縫っているのは中高年の農家の主婦たちばかりで、老眼鏡が必要な人たちだから、針の穴に糸を通すのもなかなか大変ですよ」とのことだった。

そこで日本のスキーウェアメーカーは、やむにやまれず中国に工場を建てた。中国では、当時は一七～一八歳の若い女性労働者が、基本給二五〇元（当時の為替レートで八六〇〇円）という破格の安月給で大量に雇えたのだ。しかし、「この子たちときたら仕事の覚えが悪くて、生産性は日本の三～四割くらいしかありません。これだったらいくら賃金が安くても、日本で作るのと結局コストはあまり変わりませんよ」と、広州市のスキーウェア工場の日本人マネージャーは嘆いていた。

工場でミシンに向かう女性労働者たちを見ると、確かに内陸部の農村から出てきたばかりという風情である。工場で働いた経験もないし、自分たちが縫っている服を着る人たちがするスキーとも、たぶん一生縁がないだろう。バブル絶頂期の豊かな日本で使うものを、貧困な中国内陸部の農村から出てきたばかりの少女たちが縫っているという、目も眩《くら》むような格差がこの工場のなかに存在した。

ただ、そうした格差こそが企業の利益を生み出す。スキーウェア工場の少女たちが仕事に慣れれば、何しろ月給が一万円以下なので、日本の工場で作るよりもはるかに低コストで衣服を作れるはずである。

実際、その後中国で輸出向け製品を製造する工場を営む日本人たちからは、若い出稼ぎ労働者たちの熱心さなど、肯定的な話を聞くことが多くなった。広州市と香港のあいだの珠江《しゅこう》デルタ地域には、内陸部から二〇〇〇万人もの出稼ぎ労働者が流入し、豊富な労働力と低賃金に吸い寄せられるように、日本、韓国、台湾、香港などから企業が続々と進出してきた。

そして一九八〇年代末にはまだ小さな滝だったものが、今や大瀑布になった。一九八九年には中国は世界の衣服輸出の八%を占めるのみだったが、二〇〇七年には三三%を占めるに至っている。なかでも日本では、一九八九年には衣服・付属品の輸入のうち中国は二五%を占めるのみで、韓国やイタリアなどからの輸入も多かったが、その後中国からの輸入ばかりが増え続けて、二〇〇七年には衣服輸入の八二%を占めるに至っている。

様変わりを遂げた中国の工場

中国の衣服工場が『てなもんや商社』に描かれたような工場や、私が訪れたスキーウェア工場のようなところばかりだったら、こんなに中国からの輸入が拡大することはなかっただろう。実際、二〇〇六年に上海で久しぶりに見学した衣服工場は、前述のスキーウェア工場とは雲泥の差だった。

工場内は清潔で明るく、整理整頓も行き届いていた。働いているのはもちろん内陸から出稼ぎに来た女性労働者たちだが、こざっぱりとした身なりをしていて一心不乱にミシンに向かっている。作っているのは日本の名の通ったブランドのダウンジャケットで、値札を見ると消費税込みで七万二四五〇円と書いてあった。もはや「中国製は安物」という時代ではなくなっていることを実感した。

この上海の工場は中国人のオーナーが所有する民間企業であるが、工場管理のレベルはもはや日系企業にも遜色がない。それどころか、ある面では日系企業より優れているかもしれない。

というのも、この衣服工場は日本からだけでなく欧米からも注文を受けて衣服を生産しているが、日本のバイヤーの商品品質に対する厳しい要求を満たすのみならず、従業員の労働環境に敏感な欧米のバイヤーの要求を満たすよう努力しているからである。

日本のバイヤーは、ボタンがしっかり縫いつけられているかグイグイ引っ張って試し、縫い目がきれいか、異物が入っていないかなどを厳しく審査する。ちなみに、衣服を縫っているときにミシンの針が折れて、衣服に刺さってしまうというのは割とよくある事故だ。そのため、日本に輸出する衣服を作っている工場では、針がついたまま出荷されないように、でき上がった服を一着一着金属探知器にかけて異物がないかどうか検査をする。

一方、欧米のバイヤーは日本ほど品質には厳しくないが、欧米では企業の社会的責任（CSR）に対する社会の視線が厳しく、企業が発展途上国で労働者を酷使して製品を作るのはけしからんという批判が強い。

欧米企業はそうした批判を受けないように、衣服の生産を発注する相手の企業に対しても、労働者が怪我をしないような作業環境を整えているか、企業が環境を汚染していないか、工場の消防設備は整っているか、従業員はきちんと社会保険に入っているか、労働時間は適正か、などといった点を確認した上で生産を発注する。

この上海の衣服工場では、工場内にアディダスとバーバリーから渡された大きなポスターが貼ってあり、そこには工場が労働環境で満たすべき条件が細かく書かれていた。

ただ、果たしてこうした欧米企業からの要求を、額面通り守っているかどうかは疑問である。欧米のバイヤーは「休日をしっかり取れ」「長時間労働をするな」と要求するが、中国では労働者も数年間の出稼ぎ期間中になるべく多く稼ぎたいので、むしろ残業を歓迎するし、経営者も儲けたいしで、繁忙期には一日一二時間、週六日の労働というケースもざらである。欧米企業が検査に来るときだけは形を繕《つくろ》って、あとは好きなようにしている、というのが実態に近いかもしれない。

とはいえ、欧米の消費者や世論は、自分たちが輸入する製品を作っている発展途上国の人々の、労働環境にまで思いを致している。日本はというと、欠陥品や有害物を送り込んで来ることには大変神経質だが、製品を作っている人たちの境遇には無頓着だ。この違いに「先進国民」としての自覚、あるいは度量の差を感じるのは私だけだろうか。

中国への依存度の高さは食品以上

日本が輸入する衣服・付属品のうち八二％が中国から、という数字を見て「なるほど」と思う人も多いだろう。今やカジュアルウェアも、下着も、靴下も、スーツも「中国製」というタグがついていないもののほうが少ないくらいだ。それでは、もう日本国内では衣服は作られていないのだろうか。

そこで前章と同じように、国内産の衣服も含めて、日本国内で販売される衣服のうち中国産が何パーセントを占めるのか計算してみた。まず経済産業省の生産動態統計によれば、二〇〇七年に日本国内で生産された外衣は、一億三二六二万点。一方、輸入された外衣は一七億点あまり、うち一五億七九四六万点が中国からの輸入だった。日本国民一人あたり、年に一三着の外衣を中国から輸入していることになる。ここから計算すると、日本国内で販売されている外衣の実に八五％が中国製ということになる。

ただし、これは点数ベースでの計算である。簡単にいえば、一〇〇着の服が売られているうち八五着が中国製ということだ。一方、金額で見ると、中国への依存度は七二％にとどまる。中国から輸入しているのは安い服（平均価格は九一一円）であるのに対して、日本国内で作っている服は高い服（平均価格は二〇三七円）だからだ。

次に下着を見ると、二〇〇七年に日本国内では八四七五万着の下着が作られたが、一四億着あまりの下着が輸入され、うち一三億着は中国からだった。下着における中国への依存度は実に八八％に上る。金額ベースで計算すると、同じく下がって七八％である。

意外に国産品が多いのは靴下で、日本国内で生産されたニット靴下は三億五〇〇〇万点であったのに対して、中国から輸入された靴下は一〇億点で、中国への依存度は七一％、国産品の割合は二五％である。

それにしても、外衣や下着の中国に対する依存度が八五〜八八%というのは、第1章で見た食品でいうと、タケノコや天然ハチミツにも匹敵する高い依存度である。中国からの衣服輸入が途絶えたら、日本人は裸で暮らさなくてはならなくなる……というのはいい過ぎにしても、服を買う頻度を今の一〇分の一程度に減らさなければならなくなる。

「衣服自給率」を問題視しない役所

しかし、その割には、食料自給率が四割を切ったことは危機的だと叫ぶ人が多いのに対して、「衣服自給率」を問題にする人は誰もいない。「衣食住」というように、衣服は食料と並んで重要な生活必需品であるのに、なぜ扱いにこれほど差があるのだろうか。

「それは食料のほうが重要だからです」と答える人もいるだろう。だが、衣食住はいずれが欠けても我々の生活は成り立たないもので、どれがより重要ということもいえない。そもそもエネルギーがなければ、それらを生産することも輸送することもできない。「食料自給率」ばかりが異様に注目されているといわざるを得ない。

うがった見方をすれば、それは管轄している役所が違うからである。食料を管轄するのは農林水産省で、傘下にある膨大な数の関連団体も含め、日本の農林水産業を保護・育成するために働いている人は極めて多い。もし日本の農林水産業がなくなってしまえば、役所も関連団体も存在意義がなくなってしまう。だから、「食料自給率三九％」というインパクトの強い数字を喧伝《けんでん》することで、農業や水産業を振興する必要性をアピールしているのだ。

一方、衣服産業を管轄しているのは経済産業省だが、経済産業省は国際貿易も担当しており、一昔前は輸入振興に、最近は日本企業の海外事業のサポートに力を入れている。日本の繊維産業を守るために政府は何とかすべきだという、業界からの声も経済産業省には届くが、他方では衣服などは中国で作って日本に輸入したほうが合理的だから、輸入を妨げるべきではないという商社などからの声も届く。

経済産業省は、国内産業の保護を求める業界と、貿易の拡大を求める業界の両方を管轄しており、どちらかといえば後者の影響力のほうが強いので、「衣服自給率」のような数字を振りかざして国内産業の振興を訴えるようなことはしないのである。

実は経済産業省（旧通商産業省）も、一九九〇年代半ば頃までは農林水産省と似たようなことをいっていた。「自給率」の代わりに「繊維製品の輸入浸透率」という言葉を使い、それが一九八三年には二〇％以下だったのが、一九九三年には五〇・八％に達したこと、すなわち繊維製品の「自給率」が半分を下回ったことを問題視していたのである。当時の通商産業省の報告書を見ると、そうした輸入への依存度の高まりが「生産基盤の崩壊を招きかねない」、「地域経済への打撃は極めて深刻化している」と強い危機感を訴えている。

ちなみに、「繊維製品の輸入浸透率」とは、衣服やその他の繊維製品の最終消費に占める輸入の割合を示す。輸入とは、糸や布、さらには衣服など製品の形で輸入されるものがすべて含まれることになる。輸入浸透率は一九九三年以降もずっと上昇を続け、二〇〇五年には七六・九％となった。裏を返せば、繊維製品の「自給率」は二三・一％ということになり、食料よりも事態は深刻なようにも見える。

だが、経済産業省はその後、「繊維製品の輸入浸透率」にほとんど関心を示さなくなった。輸入浸透率は日本化学繊維協会が計算して発表していたが、どうやら二〇〇五年を最後に作成されなくなってしまったようである。繊維製品の自給率が下がるにつれて危機感が高まるのではなく、むしろ政府の関心が低下したのは、日本の繊維産業の縮小につれて、その政治的影響力が低下したからだろう。「食料自給率」に対する関心も、同じ運命をたどる可能性がある。

何を中国に依存しているのか

ただ、繊維製品の「輸入浸透率」、あるいは「自給率」への関心が低下しても仕方がない面がある。もともとそうした数字にはあまり意味がないからだ。なぜならば「中国製」と書かれた服であっても、それはかなりの程度「日本製」の成分を含んでいるのである。どういうことか、衣服ができ上がるプロセスから説明しよう。

衣服はまずデザイナーがデザインする。次いでパターンと呼ばれる型紙を作る。一方では、綿花や羊毛、化学繊維といった原料から糸を作り、次いでそれを布に織り、さらに染める。染色された布を型紙に沿って裁断し、縫製する。でき上がった衣服に値札タグなどがつけられ、ビニールの包装がなされる。そして日本の店頭に並ぶ。この一連のプロセスには日本や中国、そのほか様々な国の企業や労働者がかかわっている。

衣服に「中国製」という表示があっても、それは布の裁断と縫製を中国で行ったことを示しているにすぎない。「中国製」の服であっても、デザインやパターン作りは日本国内で行われていることが多いし、布がイタリアからの輸入品であることもある。「衣服を製造す

<図表7>日本の衣服産業における投入構造

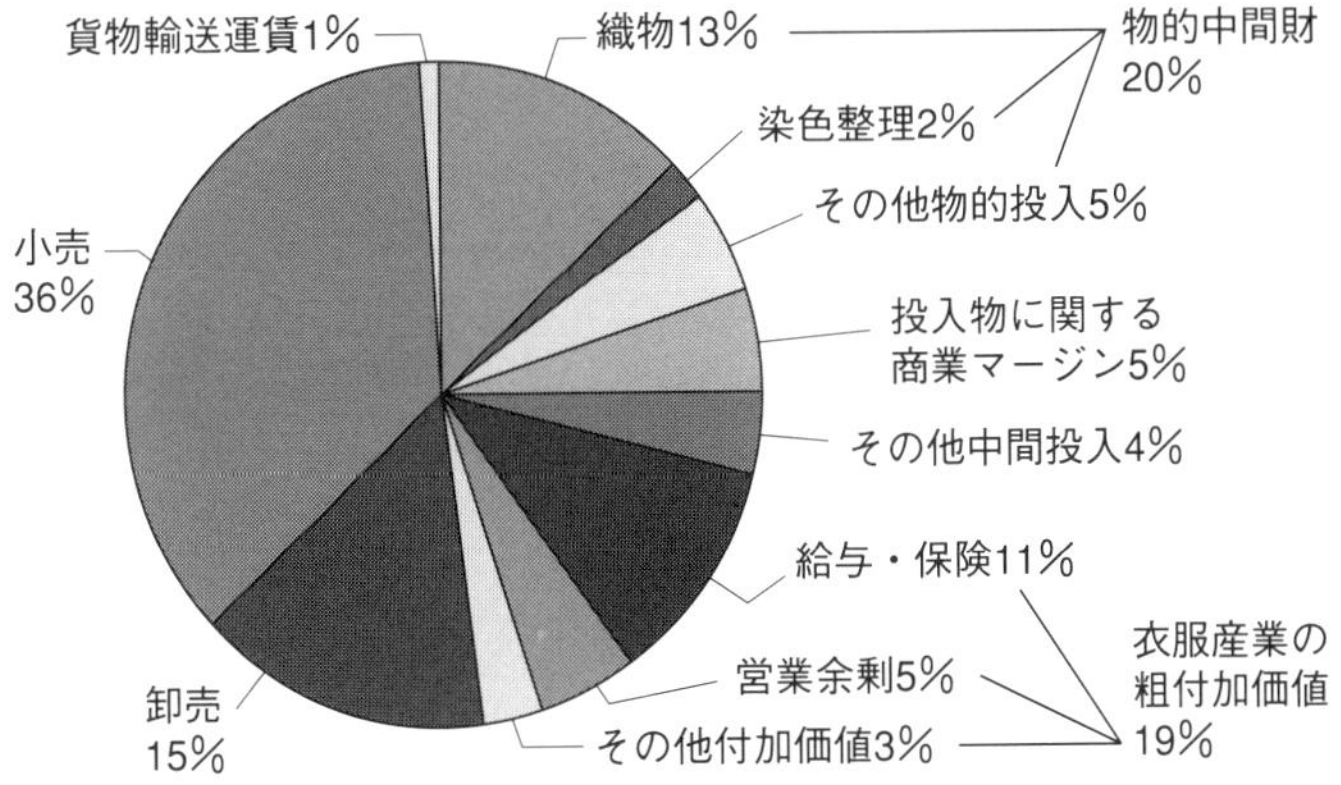

（出典）「平成2年（1990年）産業連関表」総務庁　1994年より作成

る」といえば、それは布を切って縫製することを指すが、近年の衣服産業においてはむしろ、それ以外の部分の重要性が高くなっている。

そのことを具体的な数字で示せば〈図表7〉のようになる。これは日本の衣服産業の「投入構造」を示している。簡単にいえば、この円全体が服の値段だと考えればよい。例えば一万円の服であった場合、そのうち三六％、つまり三六〇〇円は小売業の手に渡る、ということをこの図は意味している。卸売業には一五％（一五〇〇円）が渡る。結局、工場を出るときは四九〇〇円だったものを、我々は一万円で買っているということなのだ。

「なんだ、そんなにぼったくられているの

か！」と怒ってはいけない。駅前の一等地の豪華に飾られた店舗であなたの足を止めさせ、カッコ良い店員に熱心に薦められ、「自分も彼のようにカッコ良くなれる」と錯覚させ、場合によっては返品に応じる――そうした小売業の一連のサービスへの対価が、あなたの払った金額の三六％なのだ。また服のデザインは製造卸と呼ばれる業者が行っていることが多いので、卸売業が取る一五％にデザイン料も入っていると見ていいだろう。

結局、「中国製」と書かれた衣服であっても、中国の衣服工場に落ちるのは〈図表7〉のうち「衣服産業の粗付加価値」、すなわち一九％だけである。衣服に使われた織物が中国製であれば、「物的中間財」の二〇％も中国に落ちるが、仮にすべて中国製の材料を使い、ものづくりのプロセスがすべて中国で行われたとしても、服の値段の四九％しか中国企業の手に渡らないわけである。

中国では必ずしも良い生地が手に入らないので、日本から生地を中国の工場に持ち込んで、日本からの指示通りに縫製してもらうことも多い。その場合には「中国製」と表示された一万円の服のうち、「中国の成分」は一九％しかないことになる。

だから、「中国製」の衣服を買ったら日本国内の就業機会が失われてしまう、と心配する必要はない。中国製衣服を買うことで、あなたは中国で縫製する衣服を企画し、デザインし、輸入する日本国内の業者や、場合によっては日本国内の繊維産業にお金を落としているのだ。衣服における「中国製品」は、いわば日本と中国の合作なのである。

「日本製」のなかの中国

それでも「日本製」の衣服を買ったほうが、やはり日本国内により多くの就業機会が生まれるはずだから、自分はなるべく日本製を選びたいと思う人もいるかもしれない。実際、今や中国の縫製工場での賃金はかつてのように月一万円以下ではなく、月二万〜三万円になっており、中国のコスト安のメリットが薄れてきたとして、再び日本国内での生産に切り替える動きも出てきた。

ところが、日本国内の衣服縫製業は今や、かなり中国人に依存しているのである。日本は中華料理のコックのような、特別な技能を持った外国人が日本で就労することは認めているが、衣服の縫製などの、いわゆる単純労働には門戸を開放していない。しかし、「研修・技能実習」という名目であれば、縫製業でも外国人を働かせることができる。

この制度は、発展途上国の人材育成に協力するという主旨で一九九三年にスタートした。

しかし、現実には日本人だけではなかなか働き手が見つからない衣服縫製業のような産業にとっては、労働力を確保する方策として大いに活用されている。

実際、日本国内の衣服縫製業は、もはや研修生や技能実習生なしでは成り立たないほど深く依存している。ちなみに、「研修・技能実習」で来日した外国人は、一年目は「研修生」として主に技能の習得を中心とし、月に六万五〇〇〇円程度の手当を受け取る。二年目と三年目は「技能実習生」として、主に労働に従事し、平均で一一万八〇〇〇円ほどの賃金を受け取り、満三年が過ぎたら帰国しなければならない。

「衣服・繊維製品製造作業」の研修生は、二〇〇七年に一万三一四一人。そのうち九割は衣服縫製業に従事していると推定され、同じ年に技能実習生になった人で衣服縫製業に従事する人は一万三五九七人だった。技能実習生は二年間働くわけだから、この約二倍の技能実習生が日本にいると考えられる。以上から、研修生と技能実習生あわせて三万九〇〇〇人ほどが、衣服縫製業に従事していると推定できる。

一方、二〇〇七年末に「ニット・衣服縫製品」の製造に従事していた人は、日本全体で五万八四二七人。ということは、衣服縫製業の就業者の、実に約六五％が研修生や技能実習生だということになる。研修・技能実習で来日する人の八割が中国人なので、衣服縫製業で働く研修生や技能実習生も大半が中国人だと見て間違いないだろう。結局、「日本製」と表示されている衣服を日本国内で縫っているのも、中国人である可能性が高いのだ。

研修・技能実習制度の問題点

この「研修・技能実習」の実態は、マスコミで「二一世紀の奴隷制度」と表現されるほど、極めて問題が大きいようだ。来日一年目は「研修」が主であって、本来はあまり労働をしてはいけないはずだが、実際には、日本の受け入れ先企業が「月給六万五〇〇〇円の低賃金労働者」として活用しているケースが多いと報道されている。最低賃金を下回るこのような水準の賃金は、あってはならないことだ。

悪質なのは、来日する研修生たちが労働者として来日するわけではなく、あくまで「研修・技能実習」が目的という建前であるため、日本国内では転職できないという弱みにつけこむ企業があることである。研修生は、たとえ研修先として指定された企業の賃金や労働環境に対して不満を持っても、彼らは日本で労働する資格がないので、日本でほかの仕事に従事することは許されないのだ。

もちろん帰国することはできるが、中国から来る研修生は、出国前に中国側の派遣団体に多額の保証金を積んでいて、途中で帰国したらその保証金は没収という契約になっていることも多く、帰るに帰れない状態にある。さらに、日本側の研修先企業で、「逃亡」防止のために、少ない賃金から毎月数万円を強制的に貯金させる、また企業がパスポートを預かるなどのケースも見られる。

こうして研修生たちは研修先企業によって人格的に拘束され、低賃金に甘んじざるを得ない状態におかれている。和歌山県の縫製工場では、中国人の研修生が月給四万八〇〇〇円、残業代は一時間二〇〇円で働かされていた例もあった。中国のほうが日本より物価がはるかに安いので、中国の縫製工場で働いたほうがずっと良かっただろう。

なかには研修先で奴隷のように扱われることに耐えられず、傷害事件を起こした研修生もいる。中国でも衣服縫製業は低賃金と長時間労働であることに変わりはないが、労働者に職業選択の自由がある点では、日本の研修生・技能実習生よりマシだといえよう。

「日本製」の衣服の裏には、外国人研修生たちの過酷な低賃金労働や人権侵害がある。このことは新聞でも報道されているし、裁判にもなっている。だが、全国に多数の店舗を展開する有名ブティックまでもが、研修生に違法な低賃金労働をさせるような工場に生産を委託しており、そのことが発覚しても「違法労働があったことは知らなかった」といって涼しい顔をしている。

日本の消費者がこの問題にもっと敏感であれば、人権を侵害する工場に生産を委託した有名ブティックに対する不買運動が起きてしかるべきだろう。外国の工場の労働条件にまで目を光らせている欧米のブランドメーカーに比べて、日本のアパレル産業は企業の社会的責任に対する意識が低いといわれても仕方がない。

低賃金ではあっても、転職の自由はある中国の労働者たちが作る「中国製」と、低賃金でかつ人権も侵害されている中国人研修生たちが作る「日本製」。あなたはどちらを選ぶだろうか。

中国への依存の高まりに抵抗したタオル業界

日本は、国内で販売される衣服の八割以上を中国に依存する状態になっているが、そのことが食料自給率の低下のように問題にされたことはない。それは、衣服の縫製のような仕事は、中国のように労働力が豊富な国で行ったほうが合理的であることを、誰も否定できないからだ。衣服の縫製工場でやっていることは、家庭で服を作るのと基本的には何も変わらず、布を裁断してミシンで縫うことである。この作業は機械にやらせることができないため、どうしても多くの人手が必要になる。

一方、同じ繊維産業でもタオル業界は、中国への依存度の高まりに対して強い抵抗を見せた。タオル産業といえば、大阪府の泉州と、愛媛県の今治が産地として有名である。ところが、これらの産地は特に一九九〇年代に入ってから、主に中国からの輸入増加により、次第に生産を維持するのが厳しくなった。

四国の場合、一九九〇年には三九〇社あったタオルメーカー数が、二〇〇八年には一四〇社にまで減少し、生産量も五万トンから一万トンほどにまで減ってしまっている。

二〇〇八年の時点では、日本国内で販売されたタオルのうち、重量ベースではわずか一九%が国内産で、残る八一%が輸入品である。なかでも中国からの輸入が多く、中国への依存度は六六%にもおよんでいる。

こうした中国からのタオルの輸入拡大に対して、日本のタオルメーカーの団体は二〇〇一年、日本政府に対して緊急輸入制限措置（セーフガード）の発動を要請した。これは何らかの製品の輸入が急増して、国内の産業が大きな打撃を被っているといった場合に、その製品の輸入に対して一時的に制限を行うことである。

セーフガードは世界貿易機関（ＷＴＯ）が加盟国に対して認めている権利の一つで、日本はネギ、生しいたけ、い草の輸入に対してセーフガードを実施したことがある。このときも、日本に向けてこれらの農産物の輸出を急増させていたのが中国であった。

日本のタオルメーカー団体によるセーフガードの要請は、一見すると、日本のタオル産業が中国のタオル産業と対抗するために行ったように見える。しかし、実のところ、これは早々と中国に工場進出した日本の大手タオルメーカーと、日本にとどまった中小タオルメーカーとのあいだの「日日戦争」だった。タオルに対するセーフガードの発動に対しては、中国に工場進出した日本のタオルメーカーや、日本の小売業界から反対の声が相次ぎ、結局、日本政府は発動を見送った。

しかし、仮にこのときセーフガードが発動されていたとしたら、日本のタオル産業はここまで中国製タオルに押されなかっただろうか。そうなった可能性は低いと思う。私は一九九七年に、中国の大連《だいれん》市で日本のタオルメーカーの工場を見学したことがあるが、日本製の新鋭設備を揃え、多くの色の糸を縫い込んだ手の込んだ模様のタオルを作っていたのが印象的だった。一方、テレビで見た大阪・泉州のタオルメーカーは設備が古く、とてもこれでは中国の工場にかなわないと思われた。

何となく高級品の生産は日本に残り、低級品の生産が中国に移るものだと思われがちだが、タオルの例は、むしろそれとは逆になっている。結局、セーフガードを要請した二〇〇一年の時点ではまだ、国内で販売されるタオルの四割近くが国産品だったが、二〇〇八年には二割以下にまで下落した。今後、日本国内のタオル産業が生き残るには、中国にある日本企業のタオル工場に負けないものづくりをしていくしかないだろう。

〈第2章　参考文献〉

財務省貿易統計／『WTO繊維協定と繊維セーフガード措置』通商産業省生活産業局通商課監修、財団法人通商産業調査会、一九九六年／『日欧米の繊維最終消費、ミル消費の推移』日本化学繊維協会ウェブサイト「業界ニュース」二〇〇六年七月一〇日／『日本繊維新聞』二〇〇八年八月八日／『朝日新聞』二〇〇八年七月七日／財団法人国際研修協力機構の「業務統計」／経済産業省生産動態統計／『週刊エコノミスト』二〇〇六年一一月七日／『週刊東洋経済』二〇〇六年九月一六日／『信濃毎日新聞』二〇〇八年四月三日／『毎日新聞（大阪版）』二〇〇九年一月二六日

第3章

グローバル化するモノづくり

～電化製品・情報サービスに見る中国製品への依存～

ノートパソコンまで中国製

〈質問〉以下は日本が中国から輸入している主な品目ですが、もっとも輸入額が多いのはどれでしょうか？

①玩具　②コンピュータと周辺機器　③ニット衣類　④食料品

正解は②である。二〇〇七年に日本が中国から輸入したコンピュータおよび周辺機器は一兆一六七四億円、ニット衣類は一兆一一〇一億円、食料品は九一〇四億円、玩具は五七三七億円だった。

中国からの輸入品というと、衣服や玩具、雑貨といった、あまり技術水準の高くないものを想像する人が多いと思う。しかし、国際的に決められた「HS6桁分類」という分類法で見た場合、金額で見た第一位は「携帯用の自動データ処理機械」、要するにノートパソコンである。

日本は二〇〇七年に四三七万台のノートパソコンを輸入したが、その九八％が中国からだった。ハイテクの代名詞のようなノートパソコンまで中国で作られるようになったとすれば、もう日本ではクルマ以外何も作っていないのだろうか。

悲観的になるのはまだ早い。日本国内でも同じ年に五二五万台のノートパソコンが製造され、うち二二三万台は輸出された。つまり、ノートパソコンは中国から大量に輸入する製品であると同時に、日本にとって大事な輸出品でもあるのだ。

「じゃあ要するに、最近流行の『ネットブック』のような安いものは中国から輸入し、高級なものを日本で作って輸出しているのね」と思いきや、必ずしもそうではない。単価を計算してみると、日本が輸出しているノートパソコンは一二万四〇〇〇円であるのに対し、中国から輸入しているノートパソコンは一〇万八〇〇〇円で、思ったほど大きな違いはないのである。

いずれにせよ、以上の数字を突き合わせると、日本国内には二〇〇七年に国産品と中国からの輸入品を合わせて七三九万台のノートパソコンが出荷され、うち五九％が中国製だったという計算になる（〈図表8〉参照）。二〇〇八年はさらに中国依存が進んで、国内に出荷されたノートパソコンの七五％が中国製になった。

意外なことに、デスクトップ型パソコンのほうが中国への依存度は低く、国内生産の比率が高い。二〇〇七年に日本では五五四万台のデスクトップ型パソコンが出荷されたが、そのうち五一％（二八一万台）が国産品だった。一方、中国からの輸入は二四〇万台（そのなかには本体のみ、つまりディスプレイやキーボードをつけないで輸入されたものも含む）で、国内に出荷されたデスクトップ型パソコンのうち、四三％が中国製だったという勘定になる。

次に、パソコンを構成する主要な部品について見てみよう。

まず、キーボードは世界のキーボードの実に九六％が中国製であり、今私が叩いているキーボードも中国製であることは間違いない。キーボードは主に、中国に工場を持つ台湾企業によって生産されている。

液晶ディスプレイはデスクトップ型パソコンと似たような状況で、日本国内で販売されたもののうち四二％が中国産、五五％が国内産という構成になっている。

その他の部品、例えばハードディスクドライブやフロッピーディスクドライブ、CD-ROM装置などは、日本国内ではもはやほとんど生産されておらず、日本製のパソコンであっても大概が輸入品を搭載している。そこで、これらの部品がどこから輸入されている

＜図表8＞パソコンの中国依存度（2007年）

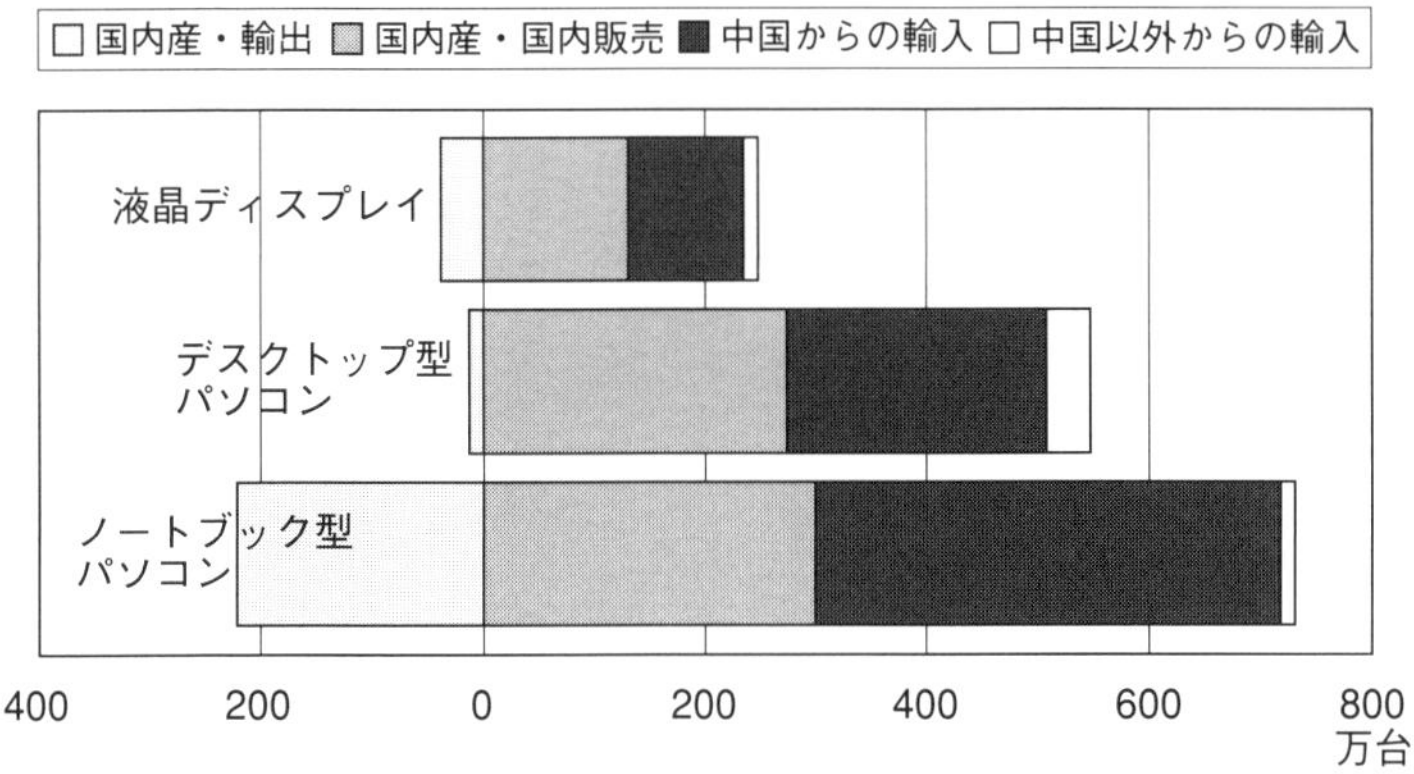

（出典）財務省貿易統計、経済産業省生産動態統計から筆者推計

かを見てみよう。

まず「磁気ディスク装置」、要するにハードディスクドライブやフロッピーディスクドライブは、中国からの輸入額は輸入全体の二三％で、タイ（二五％）に次ぐ第二位である。CD-ROM装置では、インドネシアからの輸入が全体の五九％を占め、中国は三一％で第二位。光ディスク装置では、中国からの輸入額が輸入全体の五四％を占めているが、フィリピン、マレーシア、インドネシアからの輸入もかなり多い。

以上のように、パソコンはノート型もデスクトップ型も輸入といえばほとんどが中国からだが、ハードディスクや光ディスク装置といったパソコンの部品になると、東南アジアからの輸入が結構多いのである。

台湾メーカーの中国進出が契機に

パソコンの輸入が中国に集中する理由は、世界のパソコンの大半を作っている台湾メーカーが中国に生産拠点を置いているからだ。台湾メーカーというと、「ネットブック」と呼ばれる五万円前後の小さなノートパソコンで、アスース（華碩）やエイサー（宏碁）の名前がようやく日本でも知られるようになった。

しかし、実はNEC、デル、HP、東芝、アップルといった、我々におなじみのブランドのパソコンも、その多くが台湾メーカーによって作られており、いわばパソコン産業における黒子ともいえる存在なのである。

ノートパソコンの場合、富士キメラ総研の調査によれば、二〇〇七年に世界で一億八〇万台作られたうちの、九割近くが台湾メーカーによって生産されたものだ。台湾メーカーの作るパソコンのうち、自社ブランドのものはごく一部で、ほとんどがNEC、デル、HPなど日本やアメリカのメーカーからの発注に基づいて、相手先のブランドをつけて生産されたものである。

電子産業ではこうした委託生産を「ＯＥＭ（Original Equipment Manufacturing）」と呼ぶが、台湾メーカーは単に指示にしたがって作るだけでなく、パソコンの設計まで受託しているので、自らの役割を「ＯＤＭ」と呼んでいる。このＤはデザイン（設計）のＤである。

ただ、発注する側のブランドメーカーとしては、台湾メーカーに完全に任せきりにしてしまうと、他社の製品とそっくりなものができてしまう恐れがあるので、外観のデザインくらいはブランドメーカー側が行うこともある。

また、台湾メーカーに発注したブランドメーカーは、でき上がったパソコンを店頭に並べる前に、自社の工場にいったん入れて、そこでＯＳをインストールし、客の注文に応じて中央演算素子（ＣＰＵ）を差し込むなどの作業をすることもある。先ほど日本国内でノートパソコンが五二五万台生産されたといったが、そのなかには実はこうしたごく簡単な作業による「生産」も含まれているようである。

台湾メーカーは、もともとは台湾でパソコンやマザーボード（パソコンの回路を載せた基板）を作っていた。だが、台湾でも日本と同様に製造業にはなかなか働き手が来なくなり、労賃も上昇したので、まず一九九〇年代に中国南部の深圳《しんせん》などに工場を移した。そこではマザーボードのほか、デスクトップ型パソコンのケースにマザーボードや電源を組みつけた、「ベアボーン」と呼ばれる半完成品のパソコンを作るようになった。

日本やアメリカのブランドメーカーは、台湾メーカーが中国で作ったベアボーンに、お客の注文に応じてCPUやハードディスクドライブなどを組みつけて出荷する。日本国内でも意外にデスクトップ型パソコンの生産が多いのは、中国からベアボーンを輸入して、日本でCPUなどを組みつけているケースが多いからだろう。

ノートパソコンに関しては、中国へのハイテクの流出を恐れる台湾政府が、台湾メーカーの中国進出を禁止してきた。やがて、ノートパソコンの組立はそれほど「ハイテク」でもないだろうということになり、二〇〇一年に中国での工場建設を解禁した。すると、台湾の主要なパソコンメーカーが上海市郊外の松江区《しょうこう》、それに隣接する蘇州《そしゅう》市の昆山《こんざん》、呉江《ごこう》といった地域に一気に押し寄せたため、二〇〇九年現在、台湾にはノートパソコンの工場はほとんど残っていない。

そしてパソコンの工場を追いかけて、台湾からキーボードや液晶ディスプレイのメーカーも上海市、蘇州市や近隣地域に工場進出した。さらにはノートパソコンに使うリチウムイオン電池を生産する日本企業や、ハードディスクドライブを生産するアメリカ企業などもこの地域に工場を建てた。

こうして、上海市と蘇州市を中心とする、いわゆる「長江デルタ地域」は、ノートパソコンの組立だけでなく、主要な部品もすべてそこで生産できる極めて強固な生産基地に成長した。現在、世界のノートパソコンの約八割は上海市と蘇州市で作られており、極端な世界一極集中になっている。

国内生産を続ける日本企業も

そうしたなか、日本の富士通、パナソニック（旧松下電器）、ソニーは今でも日本国内の工場で自社ブランドのパソコンを作っている。世界のパソコン産業は、老舗だったＩＢＭが二〇〇四年にパソコン事業を中国のレノボに売却し、一時は日本でもよく売れたゲートウェイが二〇〇七年に台湾のエイサーに買収されるなど、パソコンそれ自体と同様に、目まぐるしく変化している。

それでも日本メーカーは、孤塁を守るがごとく国内での生産を続けている。日本で作れば当然値段は高くなるが、日本の消費者は少々高くても買ってくれるので、まだ日本での生産が続けられるのである。ただ、日本メーカーは高級なノートパソコンの市場が大きい日本だけで強い存在になりつつあり、世界のパソコン産業のなかで、やや浮いた存在になろうとしている。

一方、ハードディスクドライブや光ディスク装置に関しては、中国への依存度は高くなく、東南アジアからもかなり輸入している。これはそれらを生産している日本企業やアメリカ企業が早くからタイ、フィリピン、マレーシア、シンガポールなどに生産拠点を築いてきたからだ。

パソコンの生産が中国に一極集中するにつれて、ハードディスクドライブや光ディスク装置を生産する日本やアメリカの企業も中国に工場を増やした。だが、これらの装置は単にパソコンに使われるだけでなく、ＤＶＤプレーヤー、カーナビ、ゲーム機、ビデオカメラなどいろいろな電子製品に使われるため、必ずしもパソコンの生産が多いところに隣接していれば良いわけではない。

また、東南アジア各国にとっては重要な輸出産業なので、工場を畳んでしまうとなると現地の政府や社会との大きな摩擦に発展することも考えられる。こうした理由も絡んで、ハードディスクドライブや光ディスク装置は、中国への一極集中がそれほど起きていないのである。

家電製品における中国依存度

様々な家電製品の生産でも中国は世界最大である。ＤＶＤプレーヤーでは世界の生産の九〇％を占め、ミニコンポでは八四％、エアコンでは六四％、電子レンジでは六一％といった具合である。

アップル社の「ｉＰｏｄ」のように、内部に音楽を記録するＩＣチップやハードディスクが入っている携帯音楽プレーヤーを、総称して「デジタルオーディオプレーヤー」というが、これも中国で世界の九〇％が生産されている。ちなみに「ｉＰｏｄ」は、ノートパソコンと同じく台湾系メーカーであるフォックスコン（鴻海）やアスース（華碩）などが、アップルから委託されて中国で生産している。

中国で家電製品の生産が多いのは、中国自体が世界最大の家電製品の市場だからという側面もある。何しろ中国の人口は世界の五分の一を占めているから、中国が自国民に世界の平均程度に家電製品を供給しようとすれば、どうしても世界生産の二〇％くらいを占めることになる。

だが、中国は多くの家電製品の生産において、それをはるかに超える割合を占めている。それは中国国内で生産された家電製品が自国民に供給されるばかりでなく、世界各国に輸出されているからにほかならない。

実際、日本も中国からかなりの量の家電製品を輸入している。〈図表9〉は、各種の家電製品に関して、日本国内で販売されたもののうち「中国からの輸入」「中国以外からの輸入」「国産品」が、それぞれ台数で見てどれくらいの割合を占めているかを推計したものである。

「推計」というのは、ここに示したデータは、二つの異なる統計から私が合成して作り出したものだからだ。一つは財務省が作成している日本の外国貿易に関する統計、もう一つは経済産業省が作っている生産動態統計である。

この二つの統計は必ずしもうまくかみ合っていない。例えば外国貿易統計では、デジタルカメラとビデオカメラは合算されて示されているのに対して、生産動態統計では別々に分類されている。

また、「その他のカラーテレビ」（主にブラウン管テレビを指す）は、経済産業省の統計

＜図表9＞家電製品の中国依存度（2007年）

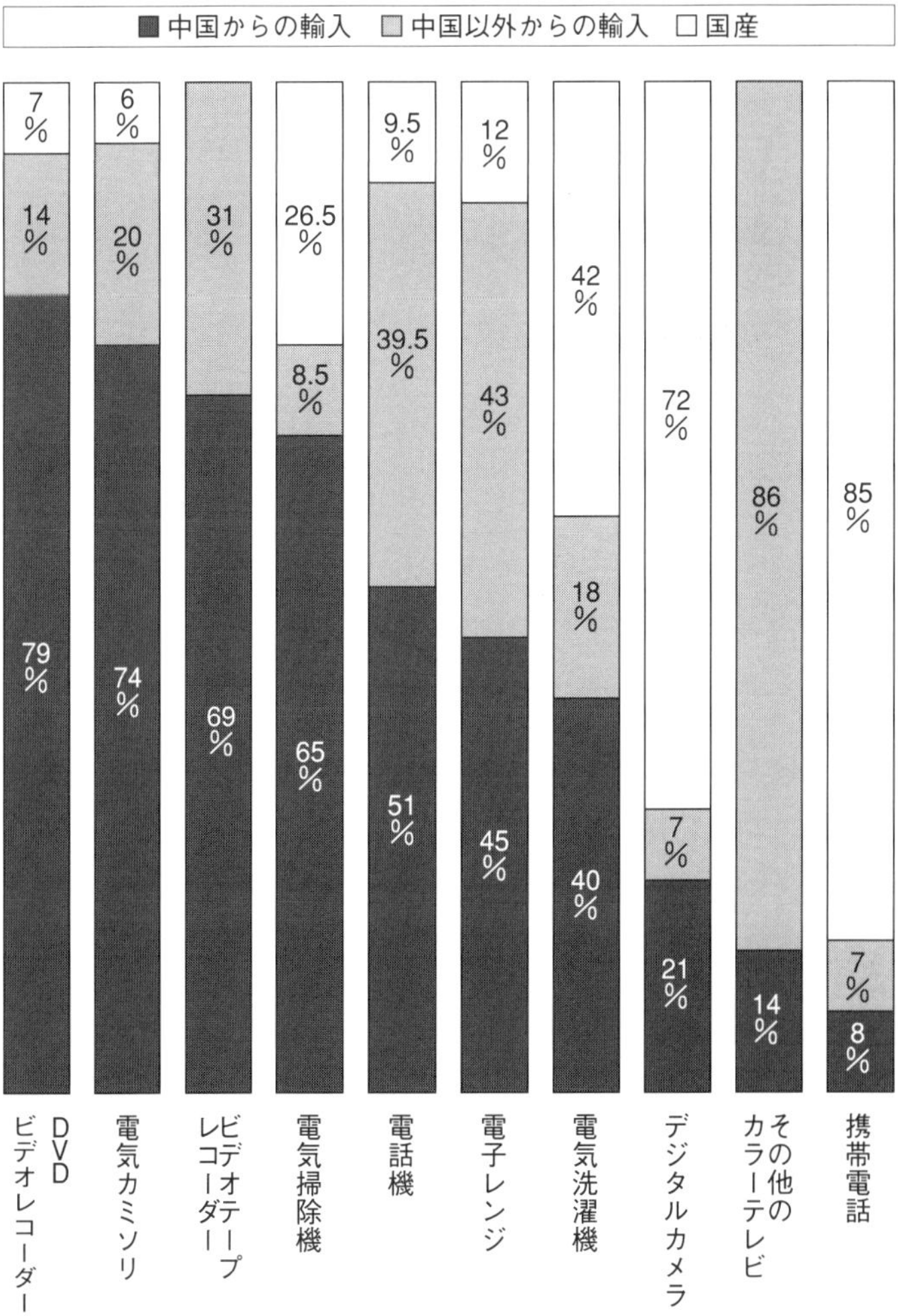

（出典）財務省貿易統計、経済産業省生産動態統計から筆者推計

では日本国内での生産はないはずなのに、財務省の貿易統計を見ると、二〇〇七年には二一七万台もの輸出が行われている、という不思議なことが起きている。

このように、よく見ると辻褄の合わないところも出てくるが、まずは日本国内で生産された台数から輸出された台数を引いた数を、日本国内で生産・販売された数（〈図表9〉の「国産」）と見なし、これに中国およびそれ以外の国からの輸入台数を足し合わせて、一年間に日本国内で販売された台数と見なす。国内での生産がないのに輸出があるような製品については、国産品はゼロと見なした。

〈図表9〉を眺めてみると、家電製品における中国依存度は第1章で見た食品の場合よりもさらに高い。

食品の場合には、確かにタケノコ、緑豆、アサリ、ハマグリなど中国依存度が高い品目も見られた。しかし、米や小麦のようにどうしても必要な品目というわけではないため、どうしても中国産の食品を食べたくないのであれば、いっそその品目を食べなくても済ませられるようなものが多かったといえる。

それに比べると、例えば大人の男性がいる家庭で電気カミソリがない家庭は少ないだろうし、電気掃除機を持たない家庭も少ないだろう。ＤＶＤやビデオテープのプレーヤー、レコーダーも、家庭の必需品といっていいと思う。家のなかから中国製品を追放していったら、家電製品があらかたなくなってしまう家庭も多いのではないだろうか。

輸入の大部分が日本メーカーのブランド

ただ、「中国製冷凍食品なんて絶対買いません」といっている主婦も、家電製品が中国製かどうかなどあまり気にしていないだろう。そもそも、どこを見れば中国製か日本製か判別できるかも多くの人は知らない。だが、それがどこのメーカーの製品であるかは意識しているはずだ。

実際、その製品が日本で組み立てられたものか、中国で組み立てられたものかよりも、どこのメーカーのものであるかが重要である。

その製品に何か問題があったときに、責任を負うのはブランドをつけて販売している企業であって、「中国製」と書かれているからといって中国政府が品質を保証してくれるわけではない。製品にトラブルが起きたときに連絡すべきはブランドをつけている企業であって、中国大使館ではない。

家電製品では、こうしたことは私が改めていうまでもない常識として人々はわきまえている。ところが、なぜか食品となると、ブランドよりも生産国に日本国民の注意が向かうのは不思議である。

日本では戦後、家電メーカーが急成長を遂げ、長年にわたって優れた製品を世界に提供し続けたため、日本人は今でも家電製品に関しては日本ブランド志向が強い。だが、その日本ブランドの家電製品の多くは、今や日本の家電メーカーが中国に設立した工場で組み立てられているのである。

例えばパナソニックは一九八〇年代後半以来、中国に工場を設立し続けてきた。二〇〇九年現在、四三社の生産型会社を構えて、プラズマテレビ、アイロン、冷蔵庫、電子レンジといった家電製品、家電製品や電子製品の主要部品、さらには電子製品の工場で使うチップマウンターといった生産設備まで中国で作っている。

万が一、中国以外の全工場が閉鎖されても、中国だけでパナソニック製品のラインナップをほとんど生産できる態勢をとっているといっていいだろう。東芝、ソニー、日立といったほかの総合電機メーカーも、みな中国に多数の工場を設立して、日本や世界に出荷する製品を作っている。

私もこれまで、日本の電機メーカーが中国に建てた工場を数多く見学してきた。日本の工場よりも広く新しい工場で、日本の工場に遜色のない品質と生産性を実現するために、従業員の教育に日々力を入れているのが日系企業の工場である。ホコリとゴミが多い中国の街頭から、一歩日系企業の敷地のなかに入れば、そこは日本企業の文化に染め上げられた世界なのだ。

日本の電機メーカーは世界中どこの工場でも、日本の優れた生産システムを現地従業員のやる気とその地の文化を損ねない範囲で、最大限導入しようと努めている。なので、日本企業の工場で作られている限り、「日本製」でも「中国製」でも「タイ製」でもまったく違いはないし、気にする必要もないのである。

なお、〈図表９〉の「中国からの輸入」に入っている家電製品の大部分は、日本のメーカが中国の工場で作ったものであるが、中国の家電メーカーが自らのブランドで、日本に製品を輸出し始めていることにも注目したい。

中国最大の家電メーカーであるハイアールは二〇〇二年から、日本で「ハイアール」ブランドの洗濯機や冷蔵庫を販売し始めた。日本ブランド志向の強い日本人への製品売り込みにはなかなか苦労しているが、次第に販売を拡大しているという。

人員の数がものをいう工場の作業

中国に工場進出しているのは日本の電機メーカーばかりではない。台湾、韓国、欧米など世界中の電機メーカーが中国に工場進出している。そのため、家電製品のほぼ全品目で中国が世界トップの生産シェアを占め、盛んに輸出を行っている。

家電製品の工場が中国に集まる最大の理由、それは家電製品を生産するのに多くの働き手を必要とするからである。

家電製品の生産工程は、①プリント基板に電子部品をハンダ付けし、電子回路を作る工程、②プリント基板やスピーカー、モーターなどを接続し、ケースに納める工程、③完成品の性能を検査する工程、と大まかに三段階に分かれる。

かつては、これらの工程のすべてが多くの人手を必要としていた。家電製品の工場はベルトコンベアに労働者がずらりと張りついて、一人が四～五種類くらいの部品を基板に差し込んだら次の人に渡す、という単純作業の繰り返しだった。

今では①の部分は大幅に自動化されている。電子部品は自動挿入機によって高速でプリント基板に挿入され、ハンダ付けも自動機械によって行われる。特に携帯電話のような小さな製品の場合は部品もみな小さくて、一立方ミリメートルくらいの小さなチップ部品を多用している。こんな小さな部品を人の手で組み立てることは不可能で、機械でなければ扱えない。

こうして①の工程は自動化されているが、②や③の工程は動きが複雑になるため、どうしても人の手で行わなければならない。だが、日本では製造業の工場で働く人を集めるのが大変であり、出稼ぎの日系ブラジル人を雇わないと工場が成り立たない。二〇〇八年秋からの世界同時不況のなかで、数多くの日系ブラジル人が職を失ったが、いずれ景気が回復するにつれて日系ブラジル人も戻ってくると思う。

それに対して、中国では、ここ数年は賃金の上昇傾向があるものの、家電製品の工場に人が集まらなくて困るという状況はまだ起きていないし、当面起きそうにない。

なぜなら四川《しせん》省など中国の内陸部は、農業ができる土地の広さの割には人口が多いため、農業だけでは低い所得しか得られない。そこで、四川省の農村地帯では、二〇歳代、三〇歳代の人たちの多くが沿海部の工場や建設現場などに出稼ぎに出ているのだ。農業をしているのはもっぱら高齢者である。こうして内陸部から大勢の出稼ぎ労働者が沿海部に来るため、工場での働き手には事欠かないわけだ。

日本で製造業の工場に働き手が集まらない理由の一つは、単純作業の繰り返しで仕事がつまらなかったことである。そこで一九九〇年代半ば頃から、日本の家電製品の工場ではベルトコンベアを撤去して、ものづくりのやり方をガラリと変える改革を行った。コンベアにせき立てられて単純作業を繰り返すのではなく、各人が自分のペースで作業し、一人がもっと多くの仕事を受け持って、場合によっては一つの製品を組み上げるところまでやってしまう。こうして労働者自身が能動的に動いて、ものづくりの達成感を持てるような労働にすることで、生産効率や品質が上がる効果があった。

こうした作業の仕方を「セル生産方式」という。セル生産方式は日本の工場で始まって、二一世紀に入ってから中国の工場でも採用するところが現れた。

ただ中国の労働者は、単純作業の繰り返しであっても賃金さえもらえれば我慢すると考える人がまだ多い。そのためセル生産方式の導入は日本より何年もあとだったが、近年はセル生産方式が効率や品質の向上に与える効果が認められ、中国でも盛んに導入されるようになっている。

設計も担うようになった中国企業

家電製品の生産が中国に集中しているのは、結局中国では工場で働く人手を多く集めやすいからである。だから、人手を多く使うような作業は中国などに任せて、日本はもっと高度な仕事、例えば研究開発やデザインなどに集中したらよいではないか、と考えている人が、特に経済学者などに多い。

私自身もこの考えに基本的には賛成である。だが、中国が国際分業のなかで、いつまでも人手を要する単純作業を担当する役ばかりに甘んじているかというと、そんなことはないのである。

世界最大の人口を擁する中国は、単純作業に耐えられる労働者も豊富だが、同時に二〇〇七年には五六六万人もの若者が大学に入学するなど、急激に高学歴化が進んでいる。ちなみに日本の二〇〇八年の大学入学者数は六〇万人ほどだったので、日本の九倍もの若者が大学に入ったわけである。これだけの大学生がいると、研究開発ができる人材も極めて豊富に供給されるようになるだろう。

実際、すでにマイクロソフトやモトローラなど欧米の企業が、中国に研究開発の拠点をおき、ソフトウェアや電子製品の開発を行っている。さきほどパナソニックが中国に四三の生産型会社を持っていると述べたが、パナソニックは同時に研究開発会社も四社中国に持ち、AV機器や白物家電、ソフトウェアなどの開発を行っている。

こうした先進国の多国籍企業が中国に設立した研究開発拠点は、主に中国国内に向けて発売される製品の開発を行っていることが多い。だが、実は中国で開発されたものが日本国内にもすでに入ってきている。

それは携帯電話である。世界の携帯電話生産の半分以上を占める中国では、携帯電話の設計活動も極めて活発で、毎年数百種類の機種が大小様々なメーカーから市場に投入されている。

裕福な人も貧しい人も、中国では携帯電話は必需品として持っているので、そうした様々な階層の需要に応えようと、各メーカーは何十種類もの携帯電話を発売しているのだ。だが、メーカーだけでは何十種類も開発するのは大変である。そこで中国では、携帯電話の設計を専門にする会社が登場し、メーカーから注文を受けて設計を行っている。

今後増えていく中国製携帯電話

こうして中国は、携帯電話を生産する能力だけでなく、設計する能力の点でも急速に力をつけてきた。その力をうまく使えば、日本にもっと安い携帯電話を提供できるのではないかと、日本の携帯電話会社や電機メーカーは中国に熱い視線を注いでいる。

そうして生まれた成果の一つが、二〇〇六年四月にＮＴＴドコモから発売された「FOMA Simpure N」（N600i）である。この機種はＮＥＣ製であるが、ＮＥＣは中国の携帯電話設計会社、徳信《とくしん》無線に設計を委託した。純然たる中国の企業によって設計された電気製品が日本に上陸するのは、前に述べたハイアールの洗濯機・冷蔵庫以外ではかなり珍しい。

ただ、ドコモの場合は中国企業が設計してはいるものの、ブランドはＮＥＣである。しかし新興携帯電話会社イー・モバイルの場合は、中国メーカーのブランドのついた携帯電話を販売している。二〇〇九年九月時点で、イー・モバイルの出している携帯電話七機種のうち二機種（H11HW, H12HW）は中国のＩＴ大手企業、華為《ファーウェイ》技術が設計し、生産しているものである。

ちなみに、携帯電話の設計というのは、外観のデザイン、電子回路の設計、ソフトウェアの作成などの作業を含んでいるが、特に設計作業の七割くらいを占めるのがソフトウェアの作成であって、これはかなりの人手を必要とする地道な作業である。つまり、設計というのは知的な作業でもあるが、同時に人手がかかる作業でもあり、それゆえに大学卒業生が多くて人件費も安い中国に向いているともいえる。

近年、インドがソフトウェアの輸出や、欧米からの事務の受託サービスなどで急成長して脚光を浴びているが、それも大卒者が多くて人件費が安いというインドの特徴を生かした産業である。似たような状況である中国も、ソフトウェアや製品設計などの分野で大きな可能性を持っているわけだ。

ただ、中国の豊富な製品設計力を生かした携帯電話は、日本では今のところ先に挙げた三機種だけのようだし、それらもあまり成功しているとはいえない。それは設計を委託された中国企業の実力不足が原因というよりも、日本の携帯電話が世界のなかでかなり特殊な製品であるため、外国企業が日本の消費者に広く受け入れられる携帯電話を開発しにくいことが原因である。

日本の携帯電話業界では、日本のことを自嘲的に「ガラパゴス諸島」と呼ぶ人たちもいるほどだ。ほかの大陸から孤立したガラパゴス諸島では動物が特異な進化を遂げたが、日本の携帯電話も同様に、世界から孤立して特異な進化を遂げているためだ。日本以外の国では携帯電話には高級品、中級品、低級品の市場があるのが普通だが、日本ではほぼすべてが高級品なのである。

日本では、今や携帯電話でテレビが視聴できるのは当たり前であり、搭載されているカメラもかなり性能が高い。電子マネーとして使える機能も多くの携帯電話に備わっている。人気の高いゲームが入っている機種もある。日本の携帯電話に備わっている数々の便利な機能は、世界に比類がない。

そうした機能を加えるために、メーカーはかなりの手間と費用をかけている。そしてそのコストを負担しているのは結局我々ユーザーである。携帯電話は「０円」で売られていることさえあり、一見すると安いように見えるが、本当の値段は五万円前後。タダでもらったと思っても、実は月々の通話料金などでしっかり回収されているのだ。

しかし日本にも、通話とメールができて音楽が聴ければ、ほかの機能はいらないし、その分もっと安くしてほしいと思っている消費者もいるはずだ、と日本のメーカーでは考えている。今のところそうした需要を携帯電話会社はあまり掘り起こしておらず、積極的に掘り起こそうともしていない。

だが、今売れている高級品だけでなく、安価な携帯電話への需要がもっと顕在化してきたとき、華為技術《ファーウェイ》のような中国メーカーから調達する、または日本のメーカーがブランドは保持しつつも、設計や生産は中国の企業に任せるということが増えていくに違いない。

中国にはモノを作らせておけ、とばかりに高をくくっていたら、家電製品の設計も生産も中国で行われる時代の到来が見えてきた。そのとき日本人が何をやるのかは、考えておくべき問題である。

高級オーディオを支える中国

ここまでは、誰もが持っているような身近な家電製品の話だったが、ここでするのは趣味の世界で、ほとんどの人には縁のない話かもしれない。だが、中国では安いモノばかりが作られているわけではない、という一つの例として取り上げたい。

「オーディオ」という趣味がある。今ではもう六〇歳以上の男性くらいしか嗜《たしな》む人はいなくなったとも聞くが、CDやレコードの音楽をより心地良い音質で楽しむために、再生器材をあれこれ工夫するという趣味である。一般の人は数万円程度のミニコンポなどで聞くことが多いと思うが、オーディオを趣味とする人は同じ目的を達成するのに、何十万円、下手をしたら何百万円も投資して高級な器材を取り揃え、ときには自分で作ることさえあるのだ。

このオーディオの世界で、中国が実は重要な役割を演じている。オーディオに用いる再生器材は基本的には三つある。第一がCDやレコードのプレーヤー、第二がスピーカー、第三がプレーヤーから出た微弱な信号を、スピーカーを動かせるだけの大きな出力に増幅するアンプである。

アンプは、ミニコンポにもテレビにも、およそスピーカーから音を出す製品には必ず内蔵されている。アンプを形成する主な部品は、普通はトランジスターやICといった半導体である。だが、トランジスターやICに取って代わられる以前、すなわち電子産業の勃興から一九六〇年代くらいまで、主役は「真空管」と呼ばれる部品だった。

真空管は家庭にある白熱電球と似たような形をしていて、今の半導体と同じ役割を果たすことができた。だが、真空管は半導体よりサイズがかなり大きく、例えば真空管を使って作られた初期のコンピュータは、一つの部屋全体がコンピュータというくらい巨大なものだった。しかも、白熱電球と同じく電源を入れると熱くなるため、何年かすると使えなくなってしまう。

そうしたかつての主役、真空管は、電子産業が勃興したアメリカはもちろん、日本、ドイツなど電子産業が栄えた国ではどこでも生産していた。だが、トランジスターやＩＣが登場すると真空管は使われなくなり、それらの国では生産が中止された。

しかし、オーディオ愛好者たちのなかには、今でも真空管を使ったアンプこそもっとも音質が優れていると感じている人たちがいる。そうした愛好者たちの求めるアンプに欠かせない真空管を、今でも供給している国の一つが中国なのだ。

真空管の技術は、第二次世界大戦以前にはアメリカやドイツなどが進んでいた。日本が戦後アメリカから技術を導入する一方、旧ソ連は第二次世界大戦末期にドイツに攻め込んだ際にドイツの製造工場を接収し、その技術がのちに旧ソ連の技術援助によって中国に伝えられた。こうして中国でも真空管が生産されるようになり、先進国で真空管が生産されなくなったあとも、中国では今日まで生産が続いている。オーディオ愛好者にとって、中国は今でも真空管を供給してくれる貴重な存在なのである。

真空管を使ったアンプは一台で数十万円もする。そうした高級品を支える真空管を中国が作っている、というのは意外な事実であろう。中国では真空管だけでなく、それを使ったアンプを作るメーカーも次々と登場し、それらの製品が日本にも輸入されている。さらに、中国でも真空管アンプの愛好家が出てきているそうだ。

日進月歩の電子産業のなかで、真空管はもう四〇年も前に淘汰され、電子産業の後進国でしか生産されないものとなっている。ところが、「残り物に福あり」とはよくいったもので、真空管の音質の良さに目覚めた人々に支えられて、今日も中国で真空管の生産が続いているのである。

ソフトウェアと情報サービス

先日、私が使っているノートパソコンがコンピュータウィルスに侵され、相当ひどい状態になった。どうやら私の何らかの操作ミスによりウィルス対策ソフトが停止していて、そのスキに凶悪なウィルスが入ってきたらしい。

早速ウィルス対策ソフト会社のホームページを見ると、チャットで問題を解決できるという窓口があった。そこをクリックして自分の名前などを入力して待っていたら、袁さんという人が相談相手としてパソコンの画面上に登場した。問題を途中まで説明したところで、私の都合で中断して数時間後に再開すると、今度は田さんという人が登場した。田さんには、インターネットを通じて私のパソコンを遠隔操作する作業までしていただき、とりあえず問題は解決した。

この二人、名前からして中国人であることは間違いないが、チャットはすべて日本語で行った。ソフトウェア産業に詳しい同僚によると、その二人はたぶん中国のオフィスにいて私とチャットし、パソコンを遠隔操作したに違いないというのだ。

二人がもし本当に中国にいるのだとすると、私が行ったことは、中国から「情報サービス」を輸入したことになる。

このような中国からの情報サービスやソフトウェアの輸入は、かなりの金額に達している。中国政府の統計によると、二〇〇八年には中国のソフトウェア輸出と外国に対する情報サービスの提供による収入は、合わせて一四二億ドルだった。そのうち約六割が日本向けと推定されているので、日本円に換算するとざっと九〇〇〇億円の輸入が行われたことになる。これは中国からの食料品の輸入額にほぼ匹敵する額である。

毒ギョーザ事件もあって、中国からの食料品輸入は注目されているが、ソフトウェアや情報サービスがそれと匹敵するほどの規模で入ってきていることには、多くの人は気づいていない。それは日本側に、ソフトウェアや情報サービスの輸入に関する統計が存在しないからでもある。何しろ必ず税関を通過するモノの貿易と違って、ソフトウェアや情報サービスはインターネットを通じてやりとりされるため、統計をきちんと取る仕組みがないのである。

中国製はどこに潜んでいるのか

さて、食料品輸入と同じ程度の金額のソフトウェアや情報サービスが中国から入ってきているらしいのだが、一体それはどこにあるのだろうか。

私の手元にはワープロソフトや表計算ソフト、中国語入力ソフトなどがあるが、それらの箱を見てもアメリカや日本の会社の名前が書いてあるだけで、それがメイド・イン・ジャパンなのかメイド・イン・チャイナなのか、どこにも書いていない。

実は日本が中国から輸入しているソフトウェアのうち、我々がパソコンショップに行って買ってくるような、いわゆる「パッケージソフト」はごく一部にすぎない。日本でもマイクロソフトの「Office」の互換品として売り出されている「Kingsoft Office」は、金山《きんざん》軟件《なんけん》という中国の会社が作ったものだが、その他の日本で販売されているパッケージソフトの大半は、アメリカや日本の会社が作ったものである。

日本が中国から輸入しているソフトウェアや情報サービスとは、そうしたパッケージソフトを作る工程の一部や、いろいろな製品に入っているいわゆる「組み込みソフト」を作る作業、さらには様々なシステムを作る作業の一部である。要するに、ソフトウェアを作る作業の一部を中国に下請に出しているわけだ。

それでは、ここでいう「組み込みソフト」とは何か。

例えば炊飯器を思い浮かべてほしい。最近の炊飯器には、「ふつう」「早炊き」「おこわ」「おかゆ」などいろいろなコースがある。液晶画面には時刻が表示され、例えば一八時三〇分に炊きあがるようにタイマーを設定することもできる。ボタンを押してコースやタイマーの設定をするが、こうしたことを可能にしているのが、炊飯器に入っている「組み込みソフト」である。

炊飯器のほかにも、電子レンジ、洗濯機、エアコン、電気魔法瓶など、様々な家電製品に組み込みソフトが入っている。コピー機やプリンターなどの事務機器もタッチパネルを押して操作するが、それを可能にしているのも組み込みソフト。また今どきの自動車は、ヘッドライトをつけたままエンジンを切るなどすると警告音で知らせてくれるが、これも組み込みソフトのなせる業である。

こうした組み込みソフトに何をさせるかを決める作業、つまり炊飯器の場合であれば、「ふつう」「早炊き」「おこわ」「おかゆ」といったメニューを用意し、タイマー機能をつける、といった全体の構成を考える作業は、日本の家電メーカーが行う。さらに、それらを設計する作業も日本側で行う。

そうしてでき上がった設計図（仕様書）を基に、プログラムを作っていく作業あたりからが、中国の企業が受託する作業となる。なかでもプログラミング言語を使ってプログラムを書いていく作業は、比較的単純ではあるが手間のかかる作業だ。この手間のかかる作業を担うプログラマーが、中国であれば月給五万円程度で雇えるため、多くの日本メーカーやソフトウェア会社が中国の会社に作業を委託するようになった。

実力を高めてきたソフトウェア会社

折しもそうした日本側のニーズは、ソフトウェア産業の振興を図りたいと考えていた中国政府の意向とうまくマッチした。中国政府は二〇〇〇年にソフトウェア産業の振興を国策として掲げ、その政策の一環として大連《だいれん》市や天津《てんしん》市などに「ソフトウェア輸出基地」を作った。中央政府や地方政府の資金で、ソフトウェア会社が入居するビルが何棟も建設され、ソフトウェア会社には免税や減税も行われている。

さらに、こうしたソフトウェア・パークには、ソフトウェアを開発するエンジニアを育成するための大学まで併設されており、人材養成機関と、その就職先の企業とが一気に立ち上がった感じだ。

こうした大学ではソフトウェア開発の技術を教えるだけではなく、英語と日本語の教育にも力を入れているのが面白い。アメリカなどからソフトウェアの開発を受注する場合には、英語の仕様書が読めなければならないし、日本からの注文をこなすには日本語が不可欠だからだ。

実際、私が天津市で日本向けソフトウェア開発の仕事をしている会社の作業現場を見学したときも、若いプログラマーたちが、日本語で書かれた文書を手元に置きながらパソコンに向かっていた。その文書はどうやら何かの機械の取扱説明書らしく、彼らはその機械が取扱説明書通りに作動するように、ソフトウェアを書いているようであった。

組み込みソフトのほかにも、大学や会社などのホームページの製作や、産業用機械を制御するソフトなど、様々なソフトを作る作業が中国に委託されている。

ソフトウェアを作る一連の作業のなかで、日本が中国に下請に出していたのは、最初の頃はプログラミング言語を使ってプログラムを書き、それがうまく機能するかどうかテストする作業だけだった。つまり、単純だがもっとも人手を要する作業を、中国の会社に委託していたのである。だが、日本との取引を通じて中国のソフトウェア会社は次第に実力を高め、最近ではソフトウェアの機能や構成を設計する段階にまで参加する例も出てきている。

さらに、例えばパソコンメーカーのデルの場合、製品のトラブルが起きたときに相談しようと電話すると、その電話を受けるのは大連市にいるオペレーターである。消費者からの相談を受けつけるオペレーターが集まっているオフィスを「コールセンター」というが、大連には日本の消費者のためのコールセンターがいくつもできている。私が連絡したウィルス対策ソフトの会社も、ユーザーに対するサービスの拠点を中国に置いているということだろう。

このように、単にソフトウェア開発の下請というだけでなく、日本の消費者が利用するコールセンターやユーザーサポートといった様々な情報サービスも、中国を拠点に行われるケースが増えている。そうしたものを足し合わせていくと、年間九〇〇〇億円もの金額になるわけである。

中国を上回るインドの状況

海外からソフトウェアの開発や情報サービスを受託するビジネスでは、世界的には中国よりもインドのほうが有名である。二〇〇七年に、インドはこれらのビジネスで一三八億ドルの収入を得たが、対する中国は一〇二億ドルであり、インドのほうが規模が大きい。インドにとってソフトウェア開発や情報サービスは、今やもっとも重要な「輸出産業」に成長した。

インドの強みは一億人を超える英語人口がいる上に、毎年二八〇万人もの大卒者が新たに生み出されることである。こうした人材の豊富さを武器に一九九〇年代末以降、アメリカなどからソフトウェア開発の仕事を受託するようになり、さらに様々な情報サービスを引き受けるようになった。

インドの会社がアメリカから受託している情報サービスの内容は、日本と中国のあいだのそれよりもさらに広範囲である。例えば、デトロイトにあるゼネラル・モーターズの本社で、内線電話の〇を押すと、「こちらはゼネラル・モーターズのアンディーです。ご用件は？」とオペレーターが答えるが、実は彼はインド人で、インドのムンバイでその電話を受けているのだという。

フォード自動車も、インドのチェンナイで二〇〇人の会計士を雇い、世界中の国々に提出する法人税申告書を作成させている。アメリカの会社から、一日の経費支出の明細をインドの情報サービス会社にメールで送ると、翌朝には帳簿になって送り返されてくるという仕組みだ。

このように、ホワイトカラーの仕事のうち、直接顧客と面と向かってする必要のある仕事以外は、何でもアメリカからインドに委託されている。この流れは今後も続くであろう。

そのため、このままではアメリカのホワイトカラーの仕事がなくなってしまうのではないか、と警戒する声も出ているほどである。

欧米からのソフトウェア開発や情報サービスの受託業務で成長したインドの会社は、日本からの受注拡大にも意欲的で、日本語のできるスタッフを養成中である。だが、現状では日本からの委託先としては中国が圧倒的に多い。海外にソフトウェア開発などを委託している日本企業七七社を対象として、二〇〇四年に行われた調査によれば、委託額の割合で見たとき、委託先の六二%が中国で、インドに委託されたのは八%にとどまった。

中国のソフトウェア産業の今後

先に見たように、中国にとってもソフトウェアと情報サービスの輸出の六割が日本向けである。英語力を生かして、アメリカを中心にグローバルに仕事を受注しているインドと違い、中国は日本にかなり集中しているし、日本も仕事の多くを中国に発注している。その理由は、結局のところ、中国には英語を流暢《りゅうちょう》に操れる人口がインドより桁違いに少ないのに対して、日本語ができる人口がインドより桁違いに多いということに尽きる。

中国に日本語人口が多いのは、一つには東北部などには中高生の段階から日本語を教える学校があることに加え、日本に留学した経験のある人数が多いこともある。私のいる東京大学でも、中国からの留学生は七二七人いるのに対して、インドからの留学生は一六人にすぎない。日本の大学に留学した経験のある中国人が、中国でソフトウェア会社を興して、日本からの業務を受託しているケースも多い。

さて、それでは中国からのソフトウェアや情報サービスの輸入は、アメリカとインドのあいだでのように、日本のホワイトカラーのあらゆるタイプの仕事を飲み込んでいくような勢いで広がっていくのだろうか。おそらくそうはならないだろう。

まず、中国の日本語人口が多いといっても、インドの英語人口には遠くおよばないし、今後も大きく拡大する見込みはない。中国でも日本と同じように、学ぶ価値のある唯一の外国語は英語だと見なされる傾向があり、それ以外の外国語に関する教育はややすたれていく傾向にある。インドには一億人を超える英語人口がいるが、中国で日本語を操れる人がそれだけの数生み出される可能性はないのだ。

さらに、インド経済のなかで、欧米向けのソフトウェア開発業や情報サービス業が持つ意味合いと、中国経済のなかで、日本向けのソフトウェア開発業や情報サービス業が持つ意味合いとはまるっきり異なる。

インドでは、ソフトウェア開発業や情報サービス業は、特に理工系の大学卒業者にとって、自らの才能を生かして高収入を得るほとんど唯一の道といっても過言ではないほど重要な産業である。一方、中国では、大学卒業者にとってあまたある選択肢の一つにすぎない。

例えば、大学でソフトウェア開発を専攻した人にとって、中国国内の企業や消費者向けのソフトウェアを開発する仕事も魅力的な選択肢である。日本向けのソフトウェア開発は、結局のところ、日本企業の下請にとどまるので、そこから得られる収入はエンジニア一人あたり一日にいくら、という形で計算され、安定しているが大儲けはできない。

だが、中国国内向けであれば、パッケージソフトで一発大ヒットを生み出して一攫千金という可能性がある。私が天津市で訪問したソフトウェア会社の社長も、日本向けのソフトウェア開発を手がける一方で、中国国内向けのパッケージソフトの開発にも二股をかけており、いつまでも日本の下請に甘んじているつもりはないと語っていた。

実際、中国のソフトウェアや情報サービスの国内市場は大きく、かつ拡大しているので、中国のソフトウェア・情報サービスの総売上高に占める輸出の比率は、終始一〇％前後にとどまっている。ほとんどが外国市場向けというインドとは事情が違うのだ。

中国のソフトウェア技術者にとっては選択肢が多い。そのため、インドのように「コールセンターのスタッフ一人募集」という新聞広告を出したら、二五〇人もの応募があったというようなことは中国では起こらないだろう。

ということは、日本側としても、中国にソフトウェア開発などを委託する場合に、中国側への報酬をもう少し引き上げないと優秀な人材がなかなか集まらない、という状況がいずれ起こるだろう。そうなると、わざわざ中国の会社に作業を委託するよりも、いっそ日本国内で人を雇って開発の作業をやってしまったほうがかえって安上がりだ、ということになるかもしれない。

アメリカのホワイトカラーたちは、自分たちの仕事がいずれすべてインドに奪われるのではないかという危機感を持っているが、日本のホワイトカラーは誰もそんな心配をしていないし、将来も心配する必要はないだろう。

〈第3章　参考文献〉

『MM総研ニュースリリース』二〇〇八年二月一四日／『別冊ステレオサウンド　季刊管球王国』Vol.49　二〇〇八年／田島俊雄「ソフトウェア産業」『中国年鑑　2009年版』中国研究所、二〇〇九年／古谷眞介「中国における日本向けソフトウェア開発における管理体制の類型——設計情報伝達の仕組み」、劉文君「ソフトウェア技術者の労働市場と職業教育」、田島俊雄「ソフトウェア産業の展開とオフショア開発・産業集積」『中国のソフトウェア産業とオフショア開発・人材派遣・職業教育』（現代中国研究拠点　研究シリーズNo.2）田島俊雄・古谷眞介編、東京大学社会科学研究所、二〇〇八年三月／高橋美多「中国ソフトウェア産業の技術発展——日中企業間の分業形態の変化に即して」『アジア研究』第五五巻第一号、二〇〇九年一月／『インドと中国——世界経済を激変させる超大国』ロビン・メレディス（大田直子訳）、ウェッジ、二〇〇七年

第４章

身の回りに溢れる Made in China

～家具・日用品輸入の知られざる実態～

仏壇や家具も大半が中国製

中国から飛行機で日本に帰ってくると、日本は緑豊かな国だとつくづく思う。日本は国土の六六％が森林である。一方、中国の国土のうち森林はわずか一八％にすぎず、砂漠および荒漠と呼ばれる荒れた土地が国土の二七％を占めている。進行する砂漠化を食い止め、森林面積を増やすために、第1章で触れた急な傾斜地での農業をやめて植林する「退耕還林」政策など、様々な努力が続けられている。

だが、森林資源が乏しいはずの中国なのに、家具や木製品の輸出は極めて活発。なかでも、「こんなものまで中国製なのか！」と私自身驚いてしまったのが、仏壇である。

日本では年間約三五万基ほどの仏壇が販売されているというが、二〇〇七年にはそのうち二六万基が輸入され、なかでも中国からの輸入が二〇万基近くにおよんだ。つまり、日本で売られている仏壇の六割近くは中国製なのである。

仏壇に関しては、原産地を表示する義務はないので、一般の人が中国産と日本産を区別することは難しい。さらに中国の仏壇メーカーは、日本向けに日本産仏壇の特徴を真似て作るので、なおさら見分けは難しい。経済産業省指定の伝統的工芸品である「名古屋仏壇」といえども、安い中国産のコピー製品の横行に悩まされ、業界団体では消費者に対して産地証書を確認して買うように呼びかけている。

だが、日本製を買ってほしいといっている日本の仏壇メーカー自体、製品を安く作るために中国から部品を輸入して組み立てるだけ、というところも増えてきているという。こうなると、「日本製」と「中国製」は本当に違うのか、という疑問も生じてくる。

仏壇や各種の家具、割り箸などの木製品を、日本がどれくらい中国からの輸入に依存しているかを見たのが〈図表10〉である。ただ、正直にいえば、この図のデータはあまり厳密ではない。というのは、日本国内の生産に関する経済産業省の統計と、輸入に関する財務省の統計の分類法がかなり異なっているためである。

例えばプラスチック製家具は日本国内の生産に関するデータが見つからなかったため、国産は○％となっているが、実際にはある程度の生産は行われているはずである。仏壇やプラスチック製家具以外では、食器棚や本棚、事務所用以外の金属製家具、寝室用木製家具などの中国への依存度が高い。

それにしても、日本で売られている食器棚や本棚の約半分が中国製だというのは、多くの人にとって意外な事実であろう。衣服の場合、服の裏側についているタグを見れば必ず「中国製」や「日本製」などと書いてあるので、日本に中国製品が溢れているという実感がある。しかし家具の場合は、ブランドはついていても、どこの国で作られたものかは、通常はどこにも表示していないからである。

しかも、中国から輸入される家具は中国風のものばかりではなく、日本風やヨーロッパ風のデザインを取り入れたものも多い。そのためプロの目で見ても、どこで作られたものか判定するのは容易ではない。

二〇〇七年一〇月には伊勢丹、松屋、京王百貨店、丸井今井など全国一〇店舗の百貨店で、中国製のダイニングチェアなどを「イタリア製」と誤って表示、販売していたことが発覚した。中国から輸入した貿易商社は、中国製をイタリア製と偽るつもりはなかったのだが、貿易商社と百貨店とのあいだに介在した輸入家具販売会社が、生産国を誤解したことが原因だった。

このことが意味するのは、家具販売のプロの目をしても、中国製のダイニングチェアをイタリア製だと誤解してしまうほどに、中国の家具メーカーはイタリア家具の特徴をよく習得していた、ということである。もちろん、中国の家具メーカーがイタリア風の家具を

＜図表10＞家具・木製品の中国依存度（2007年）

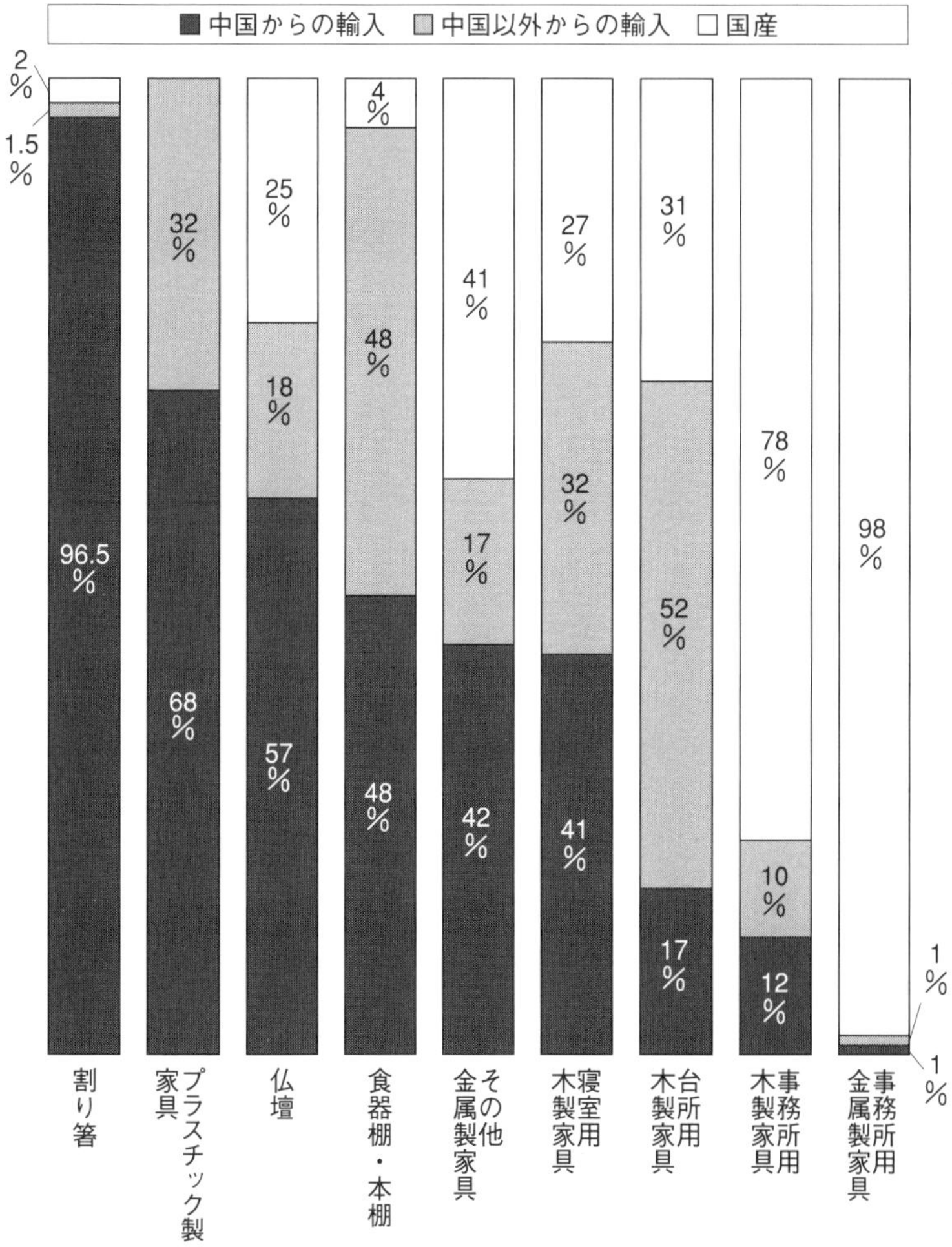

（出典）財務省貿易統計、経済産業省生産動態統計から筆者推計

作ろうが、日本風の家具を作ろうが、ほかのメーカーの商標を騙《かた》り、意匠権を侵害しているのでなければ、それは何ら責められることではないのだが。

中国の家具の都――厚街鎮

中国のなかで、家具産業が特に集中しているのが南部の広東省《かんとん》で、全国の生産の三割を占めている。なかでも香港と広州《こうしゅう》の中間にある、東莞《とうかん》市の厚街鎮《こうがいちん》という人口四〇万人ほどの町が、家具産業のメッカである。人口四〇万人というと結構な都市に思えるかもしれないが、うち三〇万人は内陸部などから来た出稼ぎ労働者たちが占めており、もともとは人口八万人程度の片田舎だった。

「瀬粉《らいふん》」という太いビーフンが特産品という以外に、取り立てて特徴がない農村地帯だった厚街鎮が、家具産業の世界的な拠点になったのは、たかだかこの一〇年ほどのあいだにすぎない。厚街鎮に最初に家具産業の種が撒かれたのは、一九八五年であった。香港で家具の輸出を行っていた業者が、厚街鎮の双崗《そうこう》という村に家具の工場を建て、地元の村民数十人を雇って家具を作り始めたのである。

この工場で働いて、家具の作り方や、海外市場で売れる家具を作るにはどうしたらよいかを学んだ数十人の村民たちは、その後みんな独立して、それぞれが自分の工場を設立したという。さらに、それぞれの工場で働いた人たちがまた独立する、という形で厚街鎮を中心とする家具産業はどんどん広がっていった。家具メーカーの数は、二〇〇二年の時点で厚街鎮だけでも四〇〇社、東莞市全体では一〇〇〇社にまで拡大した。

厚街鎮は、日本でいえば「町」に相当する小さな地方自治体にすぎないが、地元の家具産業の発展と、靴や電子製品を作る外国企業の工場進出が多いため、財政収入は極めて豊かである。厚街鎮はその豊かな財政資金と、地元の村や企業からの出資などを募り、約三八億円の投資を行って「広東現代国際展覧中心」という巨大なコンベンション・センターを二〇〇二年に完成させた。

敷地面積が三三万㎡というこの巨大な展覧館は、厚街鎮政府の弁によれば「東洋一」の規模なのだそうだ。実際、千葉の幕張メッセ（敷地二一万㎡）より敷地面積がかなり広い。しかも、幕張メッセは千葉県と千葉市など、規模の大きな地方自治体が中心になって建設したのに対して、広東現代国際展覧中心は、日本でいえば町や村に相当する小さな地方自治体が建ててしまったのである。この地域が家具産業と外国企業の進出でいかに潤っているか、また町や村が地元産業の振興にかける思いの強さが推《お》し量《はか》られよう。

産業振興に積極的な地元政府

それに加えて、中国では、大規模な施設を比較的低コストで建てることができる秘密がある。それは農村の土地がもともと農民のものではなく、村の所有であることだ。日本で大規模な施設を建てようとすれば、土地の取得に膨大なコストがかかる。その点、中国では土地は私有ではなく国や村などが所有しているので、極端にいえば、中央や地方の政府は一片の通告によって、そこに住んでいる農民や住民から土地を取り上げることができるのだ。

もちろん、農民は土地を失えば生活の糧を失ってしまうから、まったく何の補償もせずに土地を取り上げることは通常はない。補償金を支給する、または工場を建てる場合にはその工場での職をあてがうなどの補償を行っている。

ただ、日本の場合には、地権者が首を縦に振らなければ土地を取得できないのに対し、中国では最終的には国や村など行政側に決定権があるため、土地の収用はしばしば強引に行われているのが実際のところだ。

だからこそ、一九九〇年には全長わずか五〇〇キロメートルでしかなかった中国の高速道路は、二〇〇七年には五万三九〇〇キロメートルにまで延びた。北京など大都市の景観もあっという間に様変わりしたが、一方で土地を取り上げられた農民や市民たちが、十分な補償が行われていないとして抗議行動を起こすことも増えている。

それはともあれ、厚街鎮政府が「東洋一」のコンベンション・センターを建てた主な動機は、地元の産業振興である。特に、家具については東莞市政府と厚街鎮の共催で毎年二回、「国際名家具（東莞）展覧会」という家具専門の見本市が開催されている。

この見本市の主な目的は、地元の家具メーカーを中国内外の家具バイヤーに売り込むことである。毎回地元や中国の他地域、さらに海外からも家具メーカー七〇〇社以上が見本市に出品し、世界五〇ヵ国からバイヤーが集うという。もちろん日本の家具輸入業者も来ている。我々が訪問した厚街鎮の家具メーカーは、見本市で日本のバイヤーに見出され、売上の二〇％は日本向けの輸出だと語っていた。

さて、森林資源が豊富でないはずの中国が、なぜ家具などの木製品を盛んに輸出しているのか、という本章の冒頭に書いた疑問は、この厚街鎮の家具メーカーに行って氷解した。

この会社はマホガニーを使った家具を得意としているのだが、その木材はすべてミャンマー、ベトナム、タイなどから輸入しているのである。

この会社の次に訪問した厚街鎮のメーカーは、事務所用家具専門で金属やガラスの材料を多用している。そうした部品の多くは、厚街鎮に集まっている多数の家具部品の下請工場から購入しているが、品質の良い部品を求めてドイツやイタリアから輸入することもあるという。確かに、この会社の事務所用机などはヨーロッパ風の洗練されたデザインで、どこにも「中国製」らしさがない。

アメリカなどに輸出するソファーのデザインは、海外のバイヤーがデザインを提供し、それに合わせて作っているとのことだった。こうした海外のバイヤーとのデザインのやりとりを通じて、厚街鎮の家具メーカーも、ヨーロッパ風やアメリカ風のデザインを吸収しており、年二回行われる家具見本市は、そうしたデザイン能力をアピールする場でもあるわけだ。

なお、厚街鎮と同じ広東省にある、仏山《ふつざん》市の龍江鎮《りゅうこうちん》という町も家具産業が集中している。私は龍江鎮を訪問したことはないので、果たして厚街鎮の家具産業とどのような違いがあるのかここで述べることはできないが、おそらくその誕生の経緯は厚街鎮と同じようなことだろうと思う。

中国が家具の輸出大国になった理由

一九八五年に、香港の業者がたまたま小さな家具工場を開いたという偶然がきっかけで、厚街鎮は巨大な家具産業の中心地になった。それでは、なぜここの家具産業が強いのか、その理由を考えてみよう。

第一に、東莞市と厚街鎮の政府が毎年二回、家具の大見本市を開くなど、中国や世界の家具に対する需要を地元に引き寄せる努力を続けてきたことが挙げられよう。この見本市のおかげで、二〇〇〇年以前は中国国内への販売が中心だった厚街鎮の家具産業が、海外への輸出も拡大することに成功したという。

第二に、一九八五年にわずか一社の家具工場があっただけなのに、一七年後の二〇〇二年には、東莞市全体で家具メーカーが二〇〇〇社に増殖してしまうほど、この地方の人々が独立起業する意欲を強く持っていることを指摘しなければならない。

このような驚くべき独立意欲は、中国のいろいろな地域、いろいろな産業において共通して観察されることである。独立するといっても、それまで勤めていた会社と同じ業種で創業するため、最初は一社でスタートした産業が何年かの後には数十社、数百社の規模に成長し、「産業集積」を形成するケースが、特に広東省や浙江《せっこう》省など沿海部の地域ではよく見られる。

そして、そうした産業集積の中心には、その地域が生み出す製品を中国全土に販売するための卸売市場が形成される。そこに全国から商人たちが集まり、また地元の商人たちがその卸売市場を拠点として全国に商品を売り歩くことで、その産業集積は全国に知られるようになり、ますます多くの需要を集めることになる。

こうして、卸売市場が地元の産業集積の拡大を促す役割を果たす。中国国内で有名になった卸売市場には、さらに海外からもバイヤーが集まるようになり、産業集積は世界に向けて製品を作り出す。このような産業の循環的拡大が、中国の数多くの地域で一九八〇年代から今日のあいだに起きた。

第三に、厚街鎮で家具の工場を見て実感したことだが、家具作りはなかなか大変な仕事である。夏の東莞市は気温三五度以上の蒸し暑い気候。そんな環境のなか、家具の工場では、男たちが巨大な扇風機の風を体に浴びながら、木材をしならせるといった力のいる作業を黙々とやっていた。この過酷な労働に対する賃金は、二〇〇二年当時、月二万円以下にすぎなかった。この低賃金で、先進国のバイヤーを納得させるようなデザインの家具を作ってしまうのであれば、これに太刀打ちできる国はなかなかないだろう。

日本が中国にもたらした「割り箸」文化

〈図表10〉に見るように、様々な木製品のなかでも、割り箸は中国への依存度が極めて高い製品である。日本では二〇〇七年に二三一億膳の割り箸が流通したが、実にその九六％以上が中国からの輸入品であった。

ところで、使い捨ての割り箸という製品、あるいは割り箸を使う文化は、日本がその発祥の地である。日本が中国から割り箸を輸入し始めたのは一九八〇年代後半からであるが、その頃、中国国内では割り箸を使っていなかった。

中国の高級な中華料理店では、今も昔も割り箸などは使わず、プラスチックや木などで作られた長くてきれいな箸を使う。一方、町中の大衆食堂では、テーブルの真ん中にステンレス製の箸立てがあって、そこから竹などで作られた共用の箸を抜き取って使うのが一般的だった。一応は洗ってあるはずなのだが、何となくきちんと洗っていない風でもある。

気の利いた（と自分では思っている）中国人は、箸を使う前にまずお茶を手元のお椀に注ぎ、そのお茶をお椀のなかでゆすったあと、さらに箸先をお椀に浸してサササッと洗い、そのお椀のお茶を床に流す、ということをしていた。床にお茶を流すとは、日本人の目から見ると何とも不衛生な気がするが、中国の大衆食堂では、床は枝豆の皮やピーナツの殻、魚の骨などを捨ててよい場所なのである。ときどき店員が竹箒《たけぼうき》で客の捨てた食べかすを掃いたら、それで終わりである。

そんな中国の大衆食堂に割り箸が登場したのは、一九九〇年代初め。中国の箸は日本の箸よりも五センチくらい長いのが普通だが、中国に登場した割り箸は日本の割り箸と同じ長さだった。つまり、日本への割り箸の輸出を通じて中国人が日本の割り箸文化を学び、それを中国国内に取り入れるようになったわけだ。

その頃、日本では「割り箸を使い捨てにすることは木材資源の枯渇をもたらす」と考える人が増えてきて、「マイ箸」を持ち歩く人も現れ始めていた。しかし中国では、割り箸はむしろ衛生的なものだと見なされ、政府は割り箸の使用を奨励していた。

実際、一九八〇年代後半には上海市でA型肝炎が大流行するなど、当時中国の大衆食堂の衛生管理には多くの問題があった。お茶で箸を洗うという習慣も、肝炎などの伝染病から身を守るための庶民の自衛策だったのである（果たしてそれが有効なのかどうかは疑問だが）。

割り箸の使用は森林破壊につながるのか

さて、二〇〇九年現在、日本人は相変わらず外食店やコンビニ弁当などで割り箸を使い続け、その九六％以上を中国に依存している。一方、中国でも割り箸の使用は大きく広がり、大衆食堂ばかりでなく、中級程度の中華料理店でも竹製の割り箸を使うことが多くなった。

そして、面白いことに、日本でも中国でも、割り箸を使うことは森林資源の破壊につながると主張する人々と、そうではないと主張する人々とのあいだで似たような論争が巻き起こっているのだ。

日本での議論の火付け役となったのは、中部大学教授の武田邦彦氏で、武田氏によれば、日本の森林を育てるためには国産の割り箸をどんどん使ったほうがいいのだという。

なぜなら、住宅や家具などに使う角材を取る過程では、端材《はざい》や間伐材《かんばつざい》などが多く出る。それを割り箸にすることは、むしろ森林の有効活用になるので、日本の森林の経済的価値が高まり、森林育成につながるというのだ。林野庁も国内の間伐材の利用を促進する立場から、国産割り箸の使用に賛成である。

一方、割り箸の使用を控えるべきだと唱える人々は、日本人が使っている割り箸のほとんどが中国産だから、武田教授の主張は的はずれであり、中国で森林破壊をもたらしていると主張する。

同じく中国でも、かつては衛生的だからと使用が奨励された割り箸に対し、近年は森林資源の破壊をもたらすのではないか、という議論が巻き起こっている。だが、日本の林野庁に相当する中国の国家林業局は、やはり武田教授と同じように、割り箸の販売は木材の端材や間伐材を利用して木材の経済的価値を高めるので、森林育成につながると主張している。しかも中国では、割り箸の生産によって一〇万人もの雇用機会を生み出しているため、割り箸を制限することの経済的デメリットは大きいという。

ちなみに、中国では年間に四五〇億膳の割り箸が生産されており、その三分の二ほどが輸出され、なかでも日本向けの輸出がその七～八割を占めているという。つまり、中国で生産された割り箸の約半分が日本に輸出されているわけだ。そして、割り箸生産のために使われる木材は、中国で一年間に使用される木材の〇・五～一％にすぎない。そのため、それが仮に間伐材や端材を使ったものではなかったとしても、いずれにせよ中国の森林資源を破壊するようなレベルの量ではない、という主張もある。

世界に目を向けるべき問題

本章の冒頭で述べたように、中国は国土のなかで森林の占める面積が少ない。それは過去に大量の木材を利用し、農地を開墾するために森林を大規模に伐採した結果でもある。中国には年間降水量が少ない地域が多いが、そうした地域ではいったん失われた森林を回復することは容易ではない。

降水量が年間四〇〇～六〇〇㎜という山西省《さんせい》では（日本は全国平均で約一七〇〇㎜）、中華人民共和国が成立して以来、累計で省の面積の三倍もの植林活動が行われた。しかし、森林被覆率は一九四九年の三％以下から、ようやく一三％に上がったにすぎない。

中国にとって森林はかくも貴重なので、やはり使い捨ての割り箸はやめるべきではないか、という議論は中国国内にも存在する。だが、問題はそれほど単純でもない。日本割箸輸入協会の情報によれば、中国国内では割り箸の材料となる木材の伐採が制限されているため、日本が中国から輸入している割り箸のうち六〜七割は、実はロシアやモンゴルから輸入した木材を、中国で加工・包装して日本に向けて輸出しているのだという。

結局、日本人が大量に中国から割り箸を輸入しても、少なくとも中国の森林資源を破壊しているわけではないらしい。さらにいえば、木や竹は石油などと違って再生可能な資源なので、それらが伸びてくる速度を上回らない程度に消費しているあいだは、資源破壊をもたらさないはずである。

また、中国の飲食店からはこんな声も聞かれる。もし割り箸の使用が制限され、プラスチックなどの箸を使い回すことになった場合、最近は中国でも衛生管理が厳しくなったので、洗剤で洗い、さらに熱などをかけてしっかりと消毒しなければならない。それは水、電気、および労力を必要とする作業であり、資源の節約にもならなければ、コストもかかるという。

割り箸を使い捨てにする文化は、果たして「地球に優しい」のかどうか。日本は割り箸の九六%以上を中国に依存しているのだから、この問題は、日本国内の消費と林業の枠内だけで考えてもあまり意味がない。日本人による割り箸の大量消費が、中国の森林破壊につながっているのかどうか考える必要があるし、さらにいえば、中国が木材を輸入しているモンゴルやロシアで、割り箸のせいで森林破壊が起きているかどうかまで目を向ける必要があるのだ。

中国に一極集中した玩具産業

日本経済が高度成長を続けていた一九六〇年代初頭、日本は世界に冠たるおもちゃ輸出国だった。例えば、一九六一年にアメリカが輸入した玩具・ゲームのうち、日本は七一％も占めていたのである（〈図表11〉参照）。

当時、日本のおもちゃメーカーは東京の下町に集中していた。そして、一九六〇年代前半にそれらのおもちゃメーカーたちは、経営と技術を刷新するために集団で栃木県壬生町に移転し、そこに玩具工場の団地である「おもちゃ団地」を作った。

一九八〇年代末頃、私はアジアの学者たちに日本の中小企業の実情を見てもらおうと、この壬生町の「おもちゃ団地」に案内した。ところが、見学を受け入れてくれた工場で作

＜図表11＞アメリカの玩具・ゲーム輸入に占める日本と中国の割合

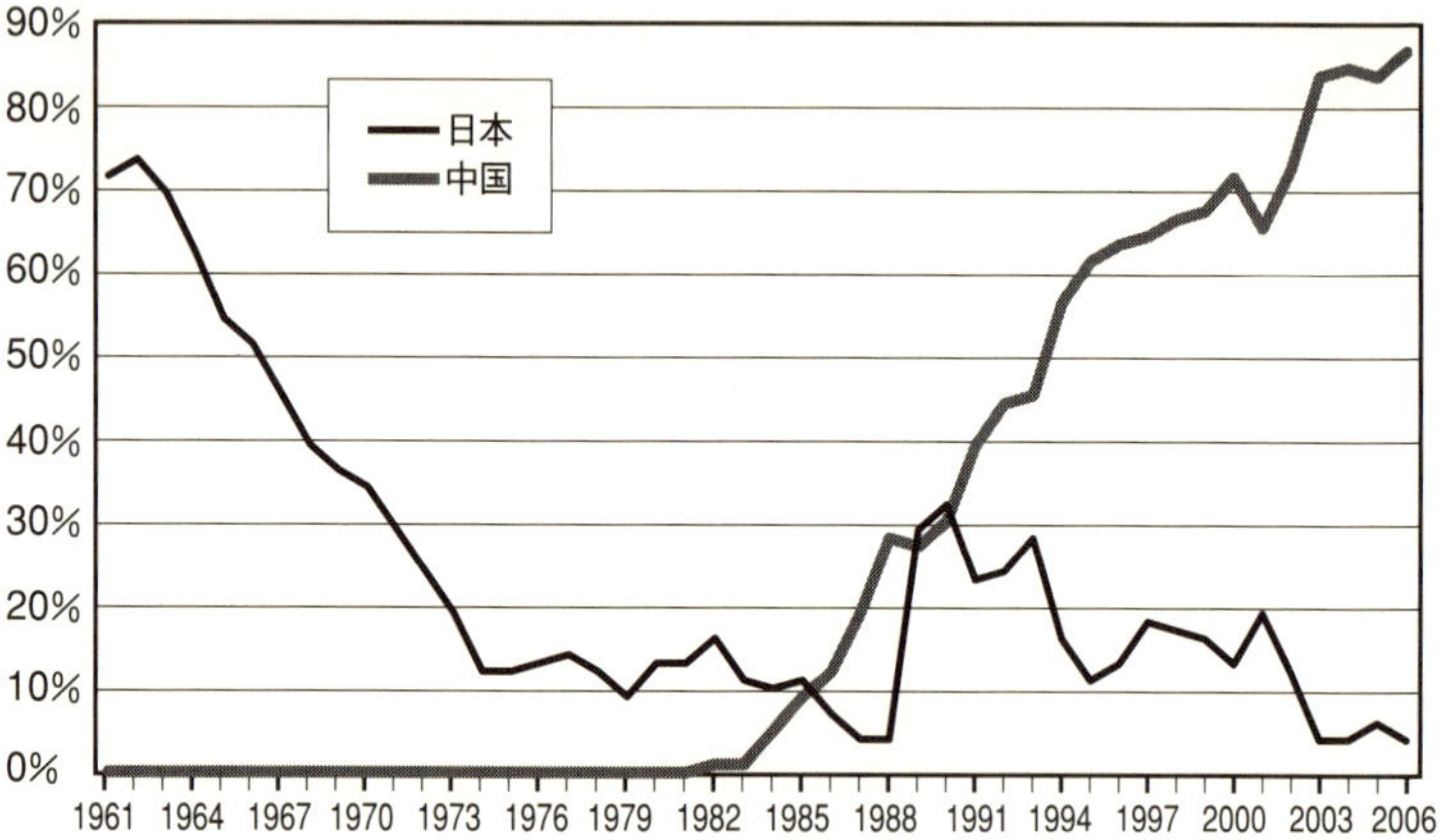

（出典）SourceOECDデータベース

っていたのはおもちゃではなく、「レンズ付きフィルム」であった。もはや「おもちゃ団地」は玩具産業の団地ではなくなり、いろいろなタイプの工場が集まった工業団地に変貌していたのである。

玩具産業が日本を去っていく様子は〈図表11〉に見ることができる。アメリカの玩具・ゲームの輸入に占める日本の割合は、一九六〇年代からどんどん下がって、一九八〇年代後半には一〇%以下にまで落ちた。その後、おそらくエレクトロニクスを応用したゲーム機のおかげであろう、一九九〇年代初めにいったん盛り返したあと、再び低下傾向をたどり、二〇〇六年には四%にまで下がっている。その代わりに、二〇〇六年の時点でアメリカ

<図表12>日本のおもちゃの輸入割合

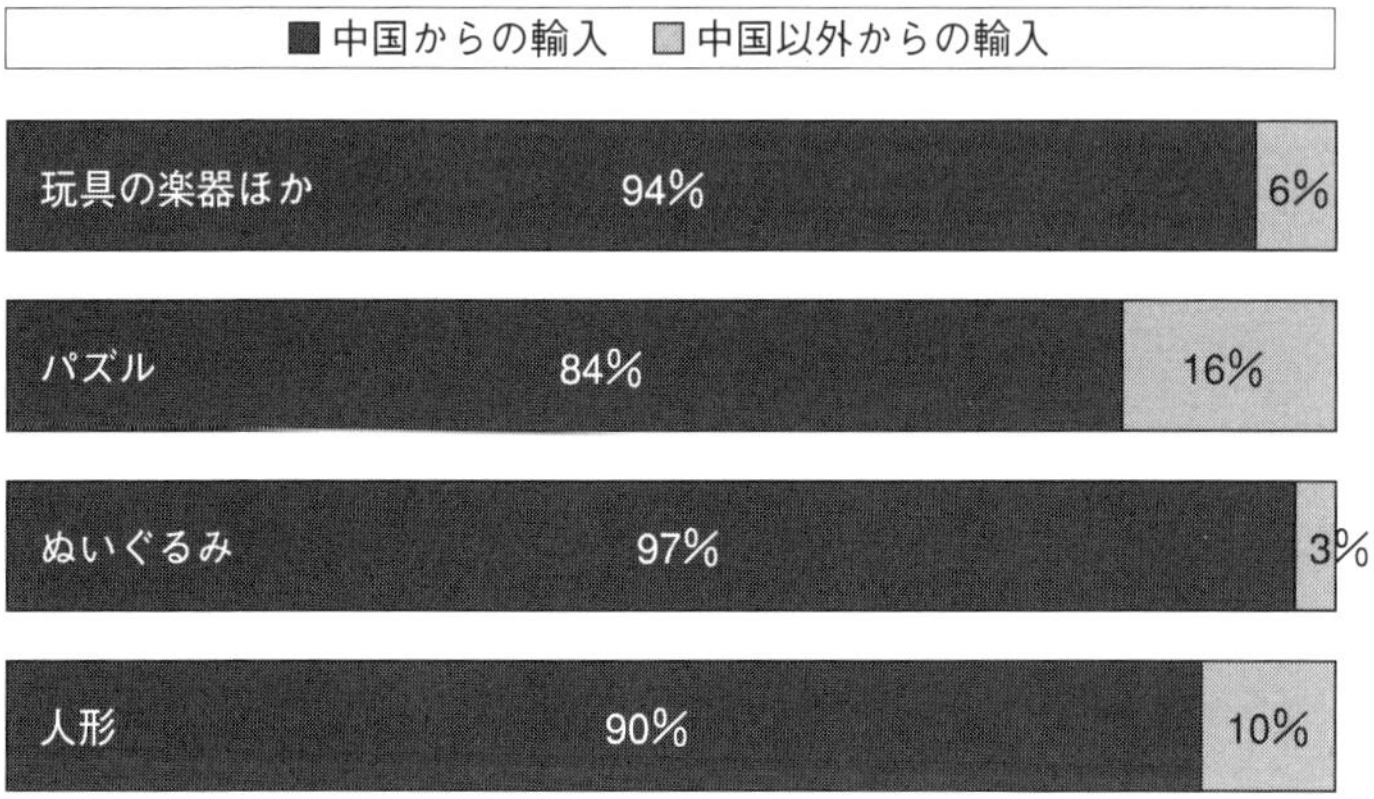

（出典）財務省貿易統計

の玩具輸入の八六％を占める圧倒的なおもちゃ輸出大国となったのが、中国である。

日本でも、玩具の圧倒的多数が中国製になっている。〈図表12〉は、主だった玩具の輸入額に占める中国製品の割合を示しているが、日本ではぬいぐるみの九七％が中国からの輸入であるなど、中国への依存度はアメリカよりもいっそう高いようである。なお、〈図表12〉には、日本国内での生産の数字が入っていないが、それはこれらの玩具が日本でまったく生産されていないわけではなく、その統計が存在しないためである。

経済産業省の統計によれば、日本国内で生産されている玩具の八割が「電子応用玩具」、つまり電子機器のゲーム機などである。〈図

表12〉に挙げたぬいぐるみやパズルといったおもちゃの生産もゼロということはないだろうが、統計を作る意味がないほどに生産が減ってしまったようだ。

ちなみに、電子機器のゲーム機といえば、任天堂の「ニンテンドーDS」や「Wii」、ソニーの「プレイステーション」などが代表的な製品だが、これらもほぼ全量が中国で組み立てられている。第3章にも登場した台湾系メーカーのフォックスコン（鴻海）やアスース（華碩）、また日系企業のホシデン、ミツミ電機の中国工場が、これらの製品の組立を任天堂やソニーから受託しているのである。

おもちゃの入手は限りなく困難に

アメリカの女性ジャーナリスト、サラ・ボンジョルニが書いた『チャイナフリー――中国製品なしの1年間』（東洋経済新報社、二〇〇八年）という本がある。夫婦と幼い子供二人の四人家族が、一年間自主的に中国製品のボイコットを実践してみたらどうなったかを、面白おかしく綴った本だ。著者がなぜ中国製品のボイコットをしたのかというと、中国からの大量の工業製品輸入によって、アメリカ国内の雇用機会が奪われていると思ったからだ。

いざ中国製品のボイコットを実践してみると、中国製の子供靴を避けようとすれば、残るは高価なイタリア製のものしかない、また夫のサングラスも中国製以外なかなか見つからないなどと、様々な困難に出くわす。

ただ、日本でもし中国製品のボイコットをやろうとしたら真っ先に出てくるであろう食品は、この本ではキャンディしか登場しない。アメリカは日本と違って食料品の大輸出国であり、中国製食品への依存度は高くないのだ。

著者がもっとも苦労するのが、子供たちに買って与えるおもちゃである。中国製を避けようとすると、ドイツ製の高級木製おもちゃくらいしか選択肢がない。だからといって、クリスマスに子供たちに何もプレゼントを与えないわけにはいかない、と著者は悩む。

結局、著者は自分で買うのではなく、他人から中国製おもちゃをプレゼントされるのであれば、中国製品ボイコットの方針を破ったわけではないことにしよう、といささか都合の良い理屈をつけて、子供たちに与えるおもちゃの問題を何とかクリアする。

この本を読む限り、アメリカの中国製品に対する依存度は日本ほど高くない印象を受ける。率直にいって、私はむしろアメリカ人がいかに大量のおもちゃを消費しているか、ということのほうが強く印象に残った。

ともあれ、アメリカでも日本でも、高級玩具以外のおもちゃは何でも中国製という状況になっている。中国のなかで玩具産業が発達しているのが上海の南に隣接する浙江省と、南部の広東省である。浙江省の雲和《うんわ》県には木製玩具産業が集中し、広東省東部の汕頭《スワトウ》市にある鳳翔《ほうしょう》という町も玩具産業で有名である。

なお余談だが、サラ・ボンジョルニはその後、中国のテレビ番組によく登場するようになった。それは二〇〇七年に中国産の原料を使ったペットフードが原因で、アメリカで犬が何匹も死んだ事件がきっかけだった。アメリカや日本で中国製品に対する不信感が広がり、アメリカでは「チャイナフリー（中国産の原料を使っていない）」を謳《うた》った商品まで登場した。

こうしたアメリカでの動きは中国国内にも動揺を与えた。政府当局は、もちろん中国製品を悪と決めつけるような動きには反発したが、中国の国民は、中国国内でも食の安全を脅かす事件が頻繁に起きているため、自国製品に対する不信感を強めたのである。

こうした動揺に危機感を抱いた中国の国営テレビ局は、「中国製品を信じる」という番組を制作した。この番組のなかで、サラ・ボンジョルニがインタビューに応じ、中国製品をボイコットすることがいかに大変で、かつ馬鹿馬鹿しいことだったかを語ったのである。

洋食器産業でも台頭する中国

おもちゃと同じように、かつては日本が世界最大の輸出を誇っていたものの、すっかり中国に主役の座を奪われてしまった産業がもう一つある。それはフォーク、スプーン、ナイフなどを作る洋食器産業だ。

一九一〇年代にスタートした日本の洋食器産業は、一九五〇〜一九六〇年代にはアメリカやヨーロッパの市場で大きなシェアを占めるに至った。アメリカは自国産業を守るために、日本に輸出の自主規制を要請したほどである。それでも、日本がアメリカに対する輸出に自主規制をかけていた一九七〇年にも、日本製洋食器はアメリカの輸入の六九％を占め、圧倒的に強い競争力を見せていた。

日本の洋食器産業は新潟県燕市に集中している。一九七〇年代に入ると、燕市の洋食器産業は様々な困難に直面するようになった。まず日本円の米ドルに対する為替レートが上昇し続けたため、輸出による収益が悪化していった。

さらに、韓国や台湾などが洋食器産業の担い手として台頭してきた。当時は賃金水準が日本の数分の一だった韓国と台湾は、日本の洋食器産業にとって手強い競争相手だった。それでも燕市の洋食器産業は粘り強く戦い、一九八六年までアメリカへの輸出額第一位の座を韓国、台湾に譲らなかったのである。

だが、一九八五年のプラザ合意に始まる急激な円高には、さしもの日本の洋食器産業も耐えられず、ついに韓国と台湾に抜かれてしまう。ところが、韓国と台湾の時代も長くは続かなかった。韓国、台湾でも日本と同様に、米ドルに対する自国通貨の為替レート上昇や賃金の上昇に直面したのである。

一九九〇年代初頭には一時的に日本がトップを奪い返したが、その後は中国が猛然とアメリカへの輸出を拡大し、かつての日本のように圧倒的に強い競争力を持つようになった。二〇〇六年時点で、アメリカが輸入しているフォーク、スプーンのうち、七九%が中国からである。

日本が洋食器輸出大国だった一九六〇年代とは異なり、アメリカはもはや自国の洋食器産業を保護しようなどと考えていないため、中国に輸出の自主規制を求めていない。洋食器といえば中国製という時代は、まだまだ続きそうである。

アメリカ以外の国でも、中国からのフォーク、スプーンの輸入が圧倒的に高い割合を占めている。二〇〇六年、フランスなどＥＵ主要一五ヵ国のフォークとスプーンの輸入に占める中国のシェアは七六％、日本の場合は七五％である。

ナイフでも、日本は一九七〇年にはアメリカの全輸入額の六四％を占めるなど、強い競争力を持っていた。ナイフに関しては、日本では岐阜県関市が産地として有名である。ナイフの場合も一九七〇年代には韓国、そして一九八〇年代後半から一九九〇年代前半にかけては台湾による激しい追い上げが見られたが、日本は対米輸出トップの座を終始譲らなかった。

しかし、一九八〇年代末頃から中国からの輸出が一直線に増え始め、一九九五年に日本から対米輸出トップの座を奪うと、そのままどんどん拡大し、二〇〇六年にはアメリカの輸入の五七％を中国が占めるに至った。

ＥＵの主要一五ヵ国においても、ナイフの輸入額の六三％が中国からであるし、日本の場合には七六％が中国からである（二〇〇六年）。このように、およそ四〇年前には日本が「世界の洋食器工場」であったのが、今や完全に中国がその地位に就いたのである。

産業集積地としての成長

中国の洋食器産業は、玩具産業と同じく広東省に集中している。広東省の西部にある陽《よう》江《こう》市は「中国ナイフ・ハサミの都（中国刀剪之都）」と自称しており、ナイフとハサミのメーカーが一四〇〇社以上集中している。

陽江市には、戦前から有名な小刀のメーカーなどがあったものの、一九八〇年代までは中国国内向けにナイフやハサミを作っているのみだった。ところが、一九九〇年に香港の商社を通じて、台湾の刃物業者が欧米向けに輸出していたステーキ用ナイフの、下請の仕事が陽江の国有刃物メーカーに舞い込んだ。それをきっかけに、輸出用洋食器を広範に手がける産地に成長したのである。

やがて、陽江の刃物産業は欧米向けのナイフを生産するのみならず、台湾の生産設備も模倣して生産するようになり、ついには台湾の刃物メーカーに代わって欧米市場向けの注文を直接受けるようになった。

現在、陽江では欧米や日本向けの包丁セット、中国国内向けの包丁、スイスのアーミーナイフを模倣したようなもの、バーベキュー用品、フォークやスプーンなど、ステンレスを使った様々な製品を作っている。

陽江から北へ車で三時間ほど行ったところにある新興県《しんこう》も、ステンレス製洋食器の産地である。中都市の陽江市に比べると、新興県は山間部の盆地にある人口一〇万人ほどの小都市だが、ここの特色として挙げられるのは、欧米向けの高級ステンレス鍋の生産に特化していることである。

新興県がステンレス洋食器の生産基地になったきっかけは、一九八四年に香港の商人がステンレス製品の製造を委託したことであった。最初はステンレスのコップや魔法瓶といった、比較的簡単で安い製品の生産が中心だった。それが、一九九〇年代半ば頃、アルミ鍋で調理すると神経系統に悪影響を与えるといった噂が欧米で広まると、新興県の企業はそこに商機を見出した。

新興県の代表的なステンレス鍋メーカーが作っているのは、鍋底に工夫が施されている。二層のステンレスのあいだにアルミの層を挟み、保温性を高めたのだ。これは一個一万円以上もする高級な鍋である。こうした鍋はシチューを煮込む際などに使うもので、中国国内には需要がなく、もっぱら輸出に向けられている。

広東省には陽江市、新興県以外にも江門《こうもん》市新会《しんかい》区、掲陽《けいよう》市にもステンレス洋食器産業が集中している。

自社ブランドの確立がカギ

洋食器産業の世界で、韓国や台湾の挑戦を受けながらも、日本が長らく対米輸出トップの地位を維持できたのには、いくつか理由がある。なかでも燕市や関市といった地域に生産業者が集積し、企業間で緊密な分業や情報交換を行っていたこと、すなわち「産業集積」の力によるところが大きい。

現在、中国の洋食器産業も、陽江市、新興県、新会区、掲陽市などに産業集積を形成している。

中国の洋食器産業が圧倒的な強さを誇っている理由は、単に中国の賃金が安いからだけでなく、地域に同業の会社が集まることで、さかんに分業や情報交換をしているためだ。また、研磨など洋食器作りに必要な技能を持った労働者が、各地域に多数育っているのもその強みの一つである。

ただ、二〇〇八年夏に我々が陽江市、新興県、新会区などのステンレス洋食器メーカーを多数訪問したところ、世界に冠たる産地として得意の絶頂にあるのかと思いきや、経営者たちはどちらかというとあまり浮かない顔をしていた。

その直接の理由は、サブプライムローン問題に端を発するアメリカ市場の落ち込みにより、アメリカ向け輸出が減ったことである。だが、より根本的な問題としては、これら中国の洋食器産地には、日本の貝印のように世界的なブランドを確立した有名メーカーもなければ、ドイツのゾーリンゲンのように、産地としての名声を確立させた場所もないということが挙げられる。

中国のステンレス洋食器産業の海外輸出は、そのほとんどがＯＥＭ、すなわち外国側のバイヤーのブランドをつけて生産したものである。陽江市の刃物メーカーのなかには、中国国内では自社のブランドを確立し、さらに海外でも自社ブランドで売ろうと頑張っている企業もある。だが、中国国内でさえも「刃物の都、陽江」というイメージが広く浸透しているわけではない。

いつまでも外国ブランドの黒子役で、メーカーとして、あるいは産地としてのブランドを世界に確立できないままであれば、結局、もっと賃金水準の低い国に同様の産業集積が生まれて、そこにシェアを奪われるかもしれない。

実際、新たなスプーン、フォークの輸出国として、ベトナムが台頭してきている。陽江市や新興県が技術やブランドなどで確固たるものを作り上げない限り、いずれベトナムなど賃金水準が中国よりさらに低い国にシェアを奪われる可能性がある。中国の洋食器メーカーたちによるブランド確立の闘いは、始まったばかりだ。

雑貨を流通させる巨大市場

何年か前に、私が中国経済に関する講義を受け持っている大学で、身の回りにどのような中国製品があるか探してみてください、と学生に課題を出したところ、ある学生はいわゆる「一〇〇円ショップ」を調べてきた。「一〇〇円ショップ」で売っているようなもの、例えば台所用品、プラスチックのケース、アクセサリー、玩具、文房具などは、その多くが中国製である。

それらの製品が、中国のどこで、どのように作られているのかを把握するのは容易ではない。だが、多くは洋食器産業や玩具産業の産業集積がある広東省、または靴、電子部品、ボタン、アパレルなど多様な産業集積がある浙江省のいずれかで作られている可能性が高い。

雑貨の産地を見つけるのは簡単ではないが、もしあなたが中国製の雑貨を買いつけようと思ったら、行くべき場所は一つだ。それは浙江省の義烏《ぎう》市である。

義烏市は浙江省の真ん中あたりにある人口七〇万人の中都市で、一九八〇年代初めまでは遅れた農村地帯だった。義烏の発展は、一九八二年に七〇〇ほどの店舗が集まった雑貨市場が開設されたことに始まる。それ以前から、義烏の商人たちは全国で雑貨の商いをしていたが、彼らが商品を仕入れる拠点として雑貨市場が開設されたのだ。

その後、この雑貨市場は年を追うごとに拡大していった。義烏市政府が市場の施設を積極的に建設し、また全国各地に似たような雑貨市場が出現したことで、いわば義烏をハブとし、全国各地の雑貨市場をスポークとするような、雑貨の流通ネットワークができ上がっていったのである。

そのネットワークの中心にある義烏の雑貨市場は、二〇〇六年時点で店舗数五万八〇〇〇店、年間取引額が五〇〇〇億円近い巨大な市場に成長している。

実際、義烏に行ってみると、町全体が雑貨市場といっていいほどの規模である。なかでも中心的な市場は、「義烏国際商貿城」といって、長さ一キロメートルはあろうかという四階建ての巨大な建物である。どのフロアへも自動車で乗り入れられるように工夫されており、建物のなかには同種の商品を扱う卸売商が集められている。

すなわち、指輪などのアクセサリー、造花、花瓶、ぬいぐるみ、玩具、爪切りや財布、かつら、携帯電話用ストラップ、時計と時計部品、おみやげ物、日曜大工の工具、電気部品、木魚などの仏教用品など、まさに「雑貨」と総称する以外にない様々な商品に専門化した卸売商が、それぞれの商品につき何十店舗も軒を並べているのだ。

義烏の雑貨市場で売られているもののうち、アクセサリーや靴下は義烏市内の大工場や、義烏市近郊の農村の主婦の内職なども動員して作られている。だが、多くの製品の産地はむしろ義烏以外の場所にある。

義烏のある浙江省には様々な雑貨の産地があり、そうした産地が中国および世界へ製品を売り出す窓口として、義烏の市場を利用しているのだ。さらに、中国内陸部の西安《せいあん》や、南部の広州の雑貨メーカーなども義烏に出店している。

なぜ中国各地の雑貨メーカーが義烏に出店するのか。それは義烏には中国全土のみならず、世界中から雑貨商が買い付けに来るからだ。中東、ロシア、アフリカなど発展途上国からの雑貨商が多いが、日本の輸入商も買い付けに来ている。

義烏の雑貨市場には、雑貨が中国各地から流入して、中国各地および世界へ搬出される物流のハブという側面があると同時に、見本市としての機能もある。つまり、雑貨を大量に仕入れようとする商人は、義烏の雑貨市場でめぼしい商品を見つけると、その後はそのメーカーと連絡を取ってメーカーから直接商品を仕入れるようになるのだ。

ともあれ、中国が「世界の工場」であることを一番実感させてくれる場所、それが義烏である。

〈第4章　参考文献〉

『朝日新聞』二〇〇四年四月一七日、二〇〇七年一一月六日／『読売新聞（大阪版）』二〇〇四年四月二一日／名古屋仏壇商工協同組合ホームページ／『東京新聞』二〇〇八年七月二日／『新華網』二〇〇七年一〇月二八日／『2008ワールドワイドエレクトロニクス市場総調査』富士キメラ総研、二〇〇八年／『チャイナフリー――中国製品なしの1年間』サラ・ボンジョルニ（雨宮寛・今井章子訳）、東洋経済新報社、二〇〇八年／丁可「『市場』はなぜ中小企業活躍の舞台になれるのか？――雑貨産業にみる新興市場バリューチェーンの創出過程」『中国　産業高度化の潮流』今井健一・丁可編、アジア経済研究所、二〇〇八年

第5章

中国製の自動車が街を走る日

～日中自動車・オートバイ・自転車産業の行く末～

急拡大する中国の自動車産業

本書ではここまで、日本が中国からの輸入に依存する数々の製品を見てきた。食品や衣服に中国製のものが多いことは意外ではなかったかもしれないが、ノートパソコンや仏壇のようなものまで中国から多数輸入されているという事実は、初めて知る読者も多かったのではないだろうか。

ここまで中国製が広がってくると、日本に残っている工業などあるのだろうかと心配になってくる人もいるかもしれない。とりわけ、もしも日本が世界に誇る自動車までもが中国からの輸入に依存するようになったら、日本には製造業はほとんど存在しなくなるかもしれない。では、果たしてそんな日が来る可能性はあるのだろうか。

日本は二〇〇八年に一一五六万台の自動車を生産し、うち六七三万台を輸出した。さらに同じ年、トヨタ、日産、ホンダ、スズキなど日本の自動車メーカーは、海外で一一六五万台の自動車を生産し、海外市場で販売した。日本は生産台数および輸出台数で、世界のトップである。

メーカーを見ても、トヨタがGMを抜いて世界最大の自動車メーカーとなるなど、日本の自動車メーカーの実力は際だって強い。地球環境問題を見据えたハイブリッドカーや電気自動車の開発でも、日本メーカーは先行しており、今後も日本メーカー優位の状況はしばらく続きそうである。

一方、世界最大の自動車市場はずっとアメリカだった。だが、二〇〇八年以来のアメリカ経済の不況によって、アメリカの自動車販売台数は急減した。しかし、中国での自動車販売台数は伸び続けたため、二〇〇九年前半は中国が世界最大の自動車市場になっている。ただ、中国が本格的にアメリカを抜いて世界最大の自動車市場になるのは、もう少し先のことだろう。何しろアメリカ社会は自動車に深く依存しているので、販売の落ち込みは一時的なものにとどまるはずだからである。

競争を繰り広げる外国メーカー

とはいえ、中国では豊かになった人々の自動車に対する関心は増すばかりである。中国の自動車販売台数が今までのペースで拡大していくと、仮にアメリカの自動車販売台数が元のレベルに回復したとしても、二〇一〇年代半ば頃には、中国がアメリカを抜いて世界最大の自動車市場になる見込みである。

アメリカは日本などから自動車を大量に輸入しているが、中国は、国内で販売される自動車のほとんどを自国内で生産している。それは、中国政府が自動車の輸入に対して二五%という高い関税をかけているからだ。二〇〇八年には中国の自動車生産台数は九三四万台に達し、不況のために生産が急落したアメリカを上回って、日本に次ぐ世界第二位の自動車生産国になった。

ただ、中国国内で自動車が生産されているといっても、特に乗用車の分野では、中国に工場を設立した外国の自動車メーカーが大きな割合を占めている。二〇〇八年の場合、中国で生産された乗用車のうち七三・四%はトヨタ、GM、フォルクスワーゲンなどが中国の工場で生産したもので、中国の地場の自動車メーカーが作った車は二六・六%にすぎなかった。

中国が、いずれは世界最大の自動車市場になることは間違いない。おまけに海外からの自動車輸入には高い関税をかけているので、日本を含めた世界の有力な自動車メーカーはみな中国に工場進出して、中国市場での販売拡大を図っている。アメリカ、日本、韓国、ドイツ、フランス、そして多数の中国の地場の自動車メーカーが、成長する中国の自動車市場のなかで熾烈な販売拡大競争を繰り広げているのだ。

中国メーカーは、トラックやバスなどの商用車の分野では、中国の国内市場で強い競争力を見せており、進出している日本のメーカーもなかなか苦戦している。ただ、それは中国のトラック運転手やバスの乗客たちが、安いが乗り心地や安全性に問題のある国産車に慣れている、あるいはそれで我慢しているからである。彼らが乗り心地や安全性をもっと重視するようになったとき、中国メーカーも今のままの技術では、次第に外国勢にシェアを奪われることになるだろう。

一方、乗用車に関していえば、一九八〇年代に中国が門戸を開いてトヨタなどの乗用車を輸入し始めた頃、中国の国産車メーカーは、一九五〇年代の欧米車のコピーを細々と作っているようなレベルであった。つまり乗用車の技術では、日本やアメリカなどの先進国と優に三〇年もの差があったのである。

中国政府も国内メーカーだけの力で、先進国のメーカーに匹敵するような乗用車を大量生産することは無理だと悟り、乗用車に関しては、外国メーカーと国内メーカーの合弁企業を中国に作らせることにした。こうして、外国メーカーには中国市場という旨みを与える代わりに、合弁企業を作らせることで、中国の自動車メーカーに外国メーカーの優れた技術を学ばせようと考えたのである。

政府の期待を裏切った国有メーカー

だが、この中国政府の構想は、政府が思い描いたようには進まなかった。外国メーカーとの合弁事業の相手になったのは、中国の国有自動車メーカーたちだったが、国有メーカーは外国メーカーの技術をあまり熱心に学ぼうとしなかったのだ。また当然ながら、合弁を組む相手の外国メーカーだって、技術の流出に寛容であるわけはない。結局、中国の国有自動車メーカーは、合弁事業から上がる利益を享受することだけで満足してしまった。

それでも中国政府は、国有自動車メーカーこそが将来の中国の自動車産業を支えるべきだと考えた。一方で、日本、アメリカ、ドイツ、フランス、韓国などの自動車メーカーが、次々と中国への進出を希望してきたため、中国の主要な国有メーカーは、それぞれ何社もの外国メーカーと合弁企業を立ち上げている。

ただ、中国の国有メーカーは、進出を希望する外国メーカーたちに場所（あるいは中国の自動車市場に参入する権利）を貸す「大家さん」のようなもので、それぞれの合弁企業から「家賃」を受け取ることで満足しているのである。

ところが、思わぬところから伏兵が現れた。中国の国有メーカーで自動車の開発にあたっていたエンジニアたちが、いつまでも外国メーカーへの依存状態から自立しようとしない国有企業に愛想を尽かし、地方政府から金を引き出して、独自に自動車メーカーを立ち上げたのである。また、オートバイなどほかの分野で活躍していた民営企業家たちも、乗用車市場にビジネスチャンスがあると見て参入してきた。

中国政府がずっと国有メーカーに期待をかけてきたのは、そもそも自動車というものは開発にしても生産にしても、長い経験の積み重ねがないとできないと考えていたからである。実際、トヨタは戦前から自動車を生産しているし、比較的新参者であるホンダといえども、すでに四〇年以上自動車を作り続けて今日の姿がある。中国の国有自動車メーカーも多くは一九五〇年代、一九六〇年代にスタートしている。

ところが、中国で一九九九年以降、乗用車の生産に参入してきた新興メーカー、具体的にいえば奇瑞《きずい》汽車、吉利《きちり》汽車、比亜迪《ビーヤーディー》汽車（BYD）といったメーカーは、そうした自動車産業の「常識」を根本から覆してしまった。これらのメーカーに共通しているのは、「自動車の生産に必要な経験や技術がなければ、外から買ってくればよい」という発想である。

常識破りの新興メーカーの狙い

例えば、世界の有力な自動車メーカーはみな、エンジンを自社で開発し生産している。それが世界の自動車産業の常識である。ところが、中国の新興メーカーは、自社でなかなか良いエンジンを作れない場合、もし良いエンジンを売ってくれる企業があれば、迷わずにそれを買うことを選ぶ。

乗用車の外観デザインもしかりである。新興メーカーはみな、イタリアや日本のデザイン会社にデザインを発注している。さらに、開発にあたるエンジニアたちも、世界中の自動車メーカーで働く中国人のなかからヘッドハントしてきた。工場の生産管理にも、日本の自動車メーカーのOBをスカウトするなど、人材も社内で育てるよりも外から即戦力を雇ってくることが多い。

では、中国の新興メーカーが、世界の自動車産業の常識を破るこうしたやり方を通じて狙っているのは何か。それは、急成長する中国の自動車市場にいち早く自社ブランドの乗用車を投入して、利益を上げることである。

こうした中国新興メーカーの戦略は意外に功を奏し、奇瑞汽車は乗用車の生産を始めてから七年目の二〇〇六年には、世界の有力メーカーがひしめく中国の乗用車市場で第四位にまで上り詰めた。吉利汽車も第一〇位あたりをキープしているし、比亜迪汽車も急速に順位を上げている。

一方で旧来の国有メーカーも、政府から叱咤激励されて独自ブランドの乗用車を生産したものの、どれも鳴かず飛ばずであった。奇瑞汽車や吉利汽車などの新興メーカーは低価格を武器に、あっという間に国有メーカーを抜き去ってしまったのである。

こうした新興メーカーは、旧来の国有メーカーと違い海外展開に対しても野心満々で、外国への輸出にも早くから取り組んでいる。これまでのところ、シリア、ロシア、ウクライナなど、自動車産業がまだあまり発展していない国への輸出が主だが、ドイツへの輸出を試みた新興メーカーもある。

こうした新興メーカーの躍進を目の当たりにして、従来は国有メーカーへの支援一辺倒だった中国政府も考えを改め、新興メーカーに対して低利の融資を行うなどの支援策を取り始めている。

中国から自動車を輸入する日は来るのか

自動車の販売台数でも生産台数でも、世界最大になることが確実な中国。そこを基盤に生まれ、急速に力をつけている中国の新興メーカーが、いずれは日本にも自動車を輸出するようになるのだろうか。

私は、その可能性はゼロとはいえないにしても、少なくとも今後一〇年はないだろうと思う。なぜなら、中国の新興メーカーによる「常識破り」の自動車生産は、早くもその限界を露呈しており、外国市場ではもちろん、中国国内市場でも成長が頭打ちになっているからである。

ドイツへの輸出を試みたメーカーがあると書いたが、ドイツ側でその中国車の衝突安全検査を行ったところ、「極めて危険」という判定を受けてしまった。ロシアでも同様の評価を受けている。こうした外国での評価は中国国内にも伝わり、それまで衝突時の安全性などに無頓着だった中国の消費者たちのあいだにも、中国メーカーの乗用車は安い代わりに安全性に問題がある、という認識が広まりつつある。

さらに中国の消費者たちは、多少値段は高くても日系メーカーの自動車のほうが安心だと考えるようになってきた。二〇〇七年には、中国の乗用車販売に占める日系メーカー全体の割合が、中国メーカーの割合を上回り、以後両者の差は広がりつつある。

中国の消費者にさえ受け入れられなくなりつつある新興メーカーの乗用車を、自動車に対する目の肥えた日本の消費者が受け入れるはずがない。そのため、中国の自動車メーカーが、自動車の概念を根本から変えてしまうような革新的な製品でも開発しない限り、中国メーカーが自らのブランドで日本へ輸出するということは起こらないだろう。

可能性があるのは、日本メーカーが中国の工場で作った自動車を、日本へ逆輸入することである。第3章で見たように、日本の電機メーカーは、賃金の安い中国の工場で生産した製品を日本に数多く逆輸入しているが、同じことが自動車で起こる可能性がないとはいえない。

今のところ、現場労働者の熟練度や、自動車メーカーに直接部品を納める一次部品メーカー、その下にある二次、三次部品メーカーまで含めた自動車産業の総合力において、日本は中国より優っている。そのため、日本メーカーが中国から日本へ逆輸入するということは起きていない。しかし、中国が世界最大の自動車生産国になるとき、部品まで含めた中国の自動車産業の総合力も相当高まってくるだろう。

もう一つ考えられるのは、欧米の自動車メーカーが、中国の工場から日本へ自動車を輸出する可能性である。例えばフォルクスワーゲンは、中国での自動車販売台数がすでに本国のドイツを上回っている。GMも会社としては苦しい状況にあるが、中国での販売は好調である。中国での販売拡大に合わせて、欧米メーカーが中国工場での生産能力を拡張し、その工場で日本へ輸出する自動車も生産する、という展開が考えられなくもない。

実際、ドイツやアメリカで組み立てられた自動車を日本まで輸送するよりも、中国で組み立てて日本へ輸送するほうが輸送コストは安いはずなので、こうした展開に現実性がないとはいえない。中国の自動車部品産業の実力が高まり、現場労働者の熟練度も高まったとき、欧米メーカーは中国製の「VW」や「シボレー」を日本に送り込んでくるかもしれない。

中国で苦戦する日本のオートバイ

日本の企業はオートバイ産業でも強い競争力を持っている。ホンダ、ヤマハ、スズキ、カワサキの四社が、日本ばかりでなく世界各地に工場を展開し、その生産台数は二〇〇三年の時点で一四〇〇万台あまり。これは世界全体のオートバイ生産の四五％を占めた。

なお、同じ年、世界のオートバイ生産の四一％は中国のメーカーによるものであったが、中国メーカーは中国国内でこそ強いものの、外国市場ではほとんど振るわない。

二〇〇一年にホンダのオートバイをコピーした中国製オートバイが、ベトナムへ集中豪雨的に輸出され、それまで高いシェアを占めていたホンダが大きな影響を被ったことがあった。しかし、ホンダが中国製オートバイに対抗するために低価格モデルを発売するや、中国製オートバイはベトナムでもあまり相手にされなくなってしまった。

このように、中国以外の市場ではなかなか力を発揮できない中国メーカーだが、中国国内ではがぜん強い。ホンダやヤマハなどが、中国市場を攻略しようと現地でオートバイを生産しているものの、なかなか思うようにシェアを拡大できないでいる。世界を制覇したはずの日本の四社だが、中国では小さなシェアに甘んじているのだ。

なぜ、世界で強い日本メーカーが中国では振るわないのか。それは、中国のオートバイ産業がオートバイの概念を変えてしまったからだ。中国では、ホンダの「ＣＧ１２５」など、日本や台湾メーカーの少数のモデルを、非常に多くのオートバイメーカーや部品メーカーが繰り返しコピーした。その結果、それらのモデルが事実上の「業界標準規格」のようなものになり、標準的な部品を買ってくれば、誰でもオートバイが組み立てられるようになってしまったのだ。

そのため激しい価格競争が展開され、日本メーカーがとても太刀打ちできないほどにオートバイが安価になったのである。

日中で異なるオートバイの需要層

日本メーカーが振るわない理由がもう一つある。それは中国の中規模以上の都市では、オートバイを使うことが厳しく規制されていることだ。その結果、中国ではオートバイは農村や小都市など、低所得者が多く住む地域だけでしか売れない商品となっている。

日本では、オートバイは生活や仕事のための道具というよりも、乗ること自体を楽しむ趣味の商品だといえる。中国にもそういう需要があれば、高価だが性能と品質が良い日本メーカーのオートバイも売れるはずである。だが、中国では高所得者が住む中規模以上の都市でオートバイの保有が規制されているため、そういう需要が存在しないのだ。

中国でオートバイ産業が思わぬ展開を見せ、日本メーカーは意気消沈しかけた。だが、ホンダやヤマハは二〇〇〇年以降、大胆な発想の転換を行った。オートバイとその部品を極めて安価なものに変えてしまった中国オートバイ産業の力を、逆に利用するようになったのである。

例えばホンダは、新大洲《しんだいしゅう》というホンダのオートバイのコピー製品を作っていた中国メーカーと、二〇〇一年に合弁企業、新大洲本田を設立した。この合弁企業は、新大洲が従来オートバイ部品を購入していた、中国の部品メーカーのなかから優良な企業を選び出し、それらが生産する安価な部品を使って、二〇〇二年から日本向けに五〇ccスクーター「トゥデイ」を輸出するようになったのである。

「トゥデイ」は、その安さゆえに日本でヒットしたが、後に品質不良の問題が生じ、リコールが相次いだ。中国の部品メーカーを良く吟味して選んだはずだったが、やはり限界があったのである。その後、ホンダでは部品メーカーに部品を納めている二次メーカー、三次メーカーまでさかのぼって改善させることで、「トゥデイ」の品質を改善した。

ヤマハも、ホンダのオートバイのコピー部品を作っていた部品メーカーなどを大胆に利用することで、中国市場向けに安価なオートバイを開発し、中国市場での盛り返しに成功した。

日本が中国から輸入したオートバイの台数を調べてみると、二〇〇七年に一八万台、二〇〇八年に一五万台の輸入があった。これは新大洲本田など、日本メーカーが中国に展開した生産拠点からの逆輸入であると見られる。自動車では、日本メーカーが中国の工場で生産した製品を日本に逆輸入することは当面なさそうだが、オートバイではすでにそういうことが起きているのだ。

ただ、この流れが今後大きく拡大するかといえば、その可能性は高くない。なぜかといえば、先ほども述べたように、日本と中国ではオートバイに対する需要の中身が大きく異なっているからだ。中国でいくら安く作れるといっても、そのなかに日本の愛好者が求めるオートバイとマッチするものはあまり多くないのである。

中国への依存度が高い自転車

自動車は中国に依存するどころか、中国から輸入される可能性もあまりない。オートバイは、日本メーカーが中国で生産したものが逆輸入されるケースが出てきているものの、大きな流れになるとは思えない。一方、自転車は、世界の自転車生産が中国に一極集中する傾向を見せており、すでに日本で販売されている自転車の八六％が中国産である。

一九八〇年代半ばまで、日本国内の自転車需要はほぼ日本産の自転車によって賄《まかな》われてきた。日本の自転車メーカーは、オートバイメーカーとは違って、海外市場へ積極的に展開することはなく、国内での生産と販売に集中していた。日本国内での販売台数がほぼ右肩上がりで伸び続けてきたため、国内だけで十分利益を出せていたのだろう。

海外市場への進出という点では、日本よりもむしろ台湾の自転車メーカーのほうが積極的だった。台湾メーカーは、最初はアメリカの会社から注文を受けていた。相手先が設計し、相手先のブランドをつけた自転車を供給していたが、次第に設計能力を身につけ、自社ブランドで世界へ輸出する企業も現れた。ジャイアントという台湾の会社は、マウンテンバイクなどスポーツ用自転車の世界では日本でも有名である。

日本の自転車メーカーは、ジャイアントのように海外市場の開拓に積極的ではなかったが、日本の自転車部品メーカー、シマノはそうではない。自転車の変速機ではシマノは世界的に有名で、台湾メーカーに自転車を発注するアメリカの会社も、変速機に「Shimano」を用いるように指定することが多い。シマノの変速機は、日本で販売される自転車にはもちろん、ジャイアントの自転車などに搭載されて世界に広まっている。

他方、日本の旧来の自転車メーカーは海外市場へ展開していないばかりか、日本国内の市場でも次第に存在感が薄れつつあるように思われる。大手スーパーなどが、二万円以下の安価なプライベート・ブランドの自転車を数多く販売するようになり、日本の消費者もそちらに流れていったからである。もはや自転車は、ブランドなど気にせずに買う商品になってしまった。大量の放置自転車の問題に表れているように、自転車を使い捨て商品のように扱っている消費者も増えているようである。

その製品が、ブランドを考慮して買うような差別化製品から、もっぱら価格を見て買うような安い商品に変化することを「コモディティ化」と呼ぶ。自転車はコモディティ化をもっとも実感する商品である。

世界的にも圧倒的シェアを誇る中国製

コモディティ化した自転車を、日本に向けて大量に輸出しているのが中国である。日本が二〇〇七年に中国から輸入した、九二八万台の一台あたりの輸入単価を計算してみると、わずか七一五一円。もちろんこれは、輸入されて税関を通る時点での価格のため、小売段階では一万円以上にはなるにしても、日本で大量消費されている安価な自転車は、中国から大量に輸入されているのである。

大手スーパーのプライベート・ブランド自転車ばかりでなく、ブリヂストンサイクル、宮田工業、パナソニックサイクルテックなど、日本の有名な自転車メーカーも、今や自社で生産している自転車は半分以下。半分以上は中国メーカーなどに生産を委託し、それらを輸入して販売している。

日本ばかりでなく、アメリカも安価な自転車を中国から大量に輸入する構造になっている。二〇〇六年の時点で、中国では約八五〇〇万台の自転車が生産されたが、これは世界全体の六～七割を占めている。そして中国が生産した自転車の六割強ほどが、アメリカや日本に向けて輸出された。

さて、中国の自転車産業は、華南《かなん》地域の広東省《かんとんしょう》、上海市とその周辺、そして天津市《てんしんし》の三ヵ所に分布している。なかでも中国全体の生産台数の四割を占めているのが天津市、とりわけ天津市郊外の農村地帯にある王慶坨《おうけいいた》という町に、自転車メーカーと部品メーカーが集中している。

王慶坨が自転車産業の集積地になったのは、それほど昔のことではない。この町で小規模な自転車組立業者が生まれたのは、一九九四年だとされる。その頃、天津市には中国の自転車の三大ブランドの一つとされた、「飛鴿《フェイグー》」と呼ばれる国有自転車メーカーがあった。だが、一九九〇年代に飛鴿はほかの地域の自転車メーカーとの競争に敗れ、生産台数は下降の一途をたどり、一九九〇年代末にはほぼ生産を停止するに至った。その過程で、飛鴿で働いていた労働者たちは自ら退職、または解雇されるなどした。

面白いことに、この国有自転車メーカー飛鴿の衰退こそが、今日天津が中国最大、したがって世界最大の自転車産業の集積地になったきっかけなのである。

飛鴿を去った労働者たちは、王慶坨など天津の農村地帯に勃興し始めた民営の自転車メーカーに、生産管理や経営のスタッフとして迎え入れられた。自ら自転車メーカーを興した人間もいる。こうして天津市は、国有自転車メーカー一社だけが存在する場所から、自転車の完成車を組み立てるメーカーが四七七社、自転車の部品メーカーが四四六社も集まる自転車産業集積地に変化した。

一つ一つのメーカーの規模は小さいが、活力のある民営企業のあいだの緊密な分業によって、王慶坨を中心とする天津市は、特に低価格の自転車に関して、他を寄せつけない強い競争力を持つに至ったのである。

オートバイもそうだが、中国の産業は、もともとは差別化された製品であったものを、多くの企業がコピー生産を繰り返すことによって、コモディティ化してしまう魔力を持っている。コピー生産は、主に同じ市や町にある企業のあいだで繰り返される。自転車の場合も、飛鴿から労働者が離職して民営メーカーに技術を伝え、そこで技術を覚えた別の労働者がさらに独立する、といったことが繰り返されるうちに、一つの町に同様の製品を作る企業が何十社、何百社と増えていったわけだ。

このようにして、一つの町が産業集積地に急激に変貌していく現象が、第4章で見た家具産業や玩具、洋食器、雑貨などでも起きた。いずれも源流をたどると一九八〇年代に種が撒かれているが、産業集積が急激に拡大したのは一九九〇年代以降である。

こうした産業集積の力によって、オートバイも自転車も、中国でコモディティ化が進展した。オートバイの場合、コモディティ化されたオートバイは、中国以外の市場ではあまり受け入れられていないが、自転車の場合は日本にもその波が押し寄せてきている。

中国は「単なる」世界の工場ではない。「差別化商品をコモディティに変えてしまう魔力を持った」世界の工場なのである。

〈第5章　参考文献〉

太田原準「二輪車：プロダクトサイクルと東アジア企業の競争力」、東正志「自転車：製造工場集中の構造」『東アジア優位産業の競争力――その要因と競争・分業構造』塩地洋編、ミネルヴァ書房、二〇〇八年／Moriki Ohara, Interfirm Relations under Late Industrialization in China: The Supplier System in the Motorcycle Industry, Chiba, Institute of Developing Economies, JETRO, 2006／大原盛樹「日本の二輪完成車企業――圧倒的優位の形成と海外進出」『アジアの二輪車産業――地場企業の勃興と産業発展ダイナミズム』佐藤百合・大原盛樹編、アジア経済研究所、二〇〇六年／駒形哲哉「自転車産業」『中国産業ハンドブック2007-2008年版』丸川知雄編、蒼蒼社、二〇〇七年／『移行期　中国の中小企業論』駒形哲哉、税務経理協会、二〇〇五年／駒形哲哉「体制移行期における産業の再編――中国天津・自転車産業の事例」『日本と東アジアの産業集積研究』渡辺幸男編、同友館、二〇〇七年

終章

中国への依存をどう考えるか

日本と中国の相互依存

本書の最初で述べたように、一般の日本人が思っているほど日本は中国製品に依存しているわけではない。

中国からの輸入額は、日本の国内総生産の二・九%にすぎないのである。ある日突然、中国が日本に対する何らかの悪意を持って、日本への輸出を禁止したとしても、日本経済への打撃はさほど大きくない。

さらに、輸入しているものの中身を見てほしい。食品でいえばタケノコ、緑豆、ハチミツ、ハマグリなど、確かに食卓から消えるのは淋しいが、差し当たりどうしてもなければ困るというほどのものを中国には依存していない。むしろ、アメリカが主たる輸入先である小麦やトウモロコシなどのほうが、輸入が止まったときの影響は甚大であろう。

しかも中国から輸入している製品の多くは、実は国際的な相互依存のなかで作られている。例えばノートパソコンは、確かに最終組立を行っているのは中国だが、そこに組み込まれている部品はアメリカ、日本、韓国、台湾などから中国に輸入されている。

衣服だって、最終の縫製作業は中国で行われているが、デザインは日本、生地は日本やイタリアからの輸入ということもある。「中国製」と書いてあっても、実はいろいろな国がかかわってでき上がっている製品が多いのである。中国産の野菜も、種は日本の企業が売っているケースが多いのだ。

本書では、日本で販売される最終製品が、どれだけ中国からの輸入に依存しているかをいろいろ調べてきたが、実は中国がそれらの最終製品を生産する上で、日本など他国に依存しているケースがほとんどなのである。もう一度一七ページの〈図表1〉と〈図表2〉を見てほしい。日本の中国からの輸入が増えるのと歩調を合わせるようにして、日本から中国への輸出も増えている。この様子から、日本と中国はまさに相互に依存していることがうかがえる。

ということは、中国からの輸入が増える、すなわち我々の身の回りの「中国製」が増えれば、それは日本から中国へ向けての輸出増加にもつながるということだ。つまり、中国からの輸入増加は、日本の工業の衰退をもたらすのではなく、むしろ日本の工業を盛んにする側面があるのである。例えば、中国からのタオルの輸入増大は、確かに日本のタオル産業の衰退をもたらしたが、その反面で、日本から中国への織機の輸出の増大をもたらしている。

だから、日本と中国との外交関係が今後悪化したとしても、中国が日本への輸出を突然禁止することや、逆に日本からの輸入を禁止するようなことは、まずあり得ない。そんなことをすれば、中国の産業にも大きな打撃となるからだ。

すべての中国製品が危険なのか

毒ギョーザ事件という大変衝撃的な事件があったため、中国製品、なかでも中国産食品に対する日本の消費者の不信感は今でも強い。二〇〇七年夏から二〇〇八年にかけて、日本の週刊誌などは中国産食品の危険を訴える記事で溢れ返った。

マスコミでまことしやかに喧伝《けんでん》される「危険情報」を、果たしてどの程度信じていいのか、私自身は食品産業を専門に研究しているわけではないので、正直なところよく分からない。ただ、そうした危険情報をよく見てみると、例えば、「亜硝酸塩を食塩と称して売っている」といった類の誤解に基づいて、中国産食品の危険性をことさらに誇張しているところがある。

ただ中国国内では、牛乳へのメラミン混入問題など、食品の安全を脅かす問題が数多く起きているのも事実。しかし、特に日本に輸出する食品となると、中国の生産者も細心の注意を払っているのは間違いない。なぜなら、日本の厳しい検査で不合格となり、輸出ができなくなってしまったら、元も子もないからである。つまり、中国国内で起きている食品衛生の問題と、中国から日本に輸出されてくる食品とは、基本的には切り離して考えるべきなのだ。

第1章で見たように、客観的なデータから見れば、中国産食品は日本が世界各国から輸入している食品のなかでも、相対的には安全なほうである。それには日本側の厳しい目が、中国の生産者たちの農薬使用などに対する意識を高め、食品の品質向上を促してきた側面があるのだ。

今後、「中国産の××から基準を超える農薬が検出された」という報道があっても、一体農薬が何PPM検出されたのかまで注意して見てほしい。たぶんそれは、仮に消費者の口に入ったとしても、まったく問題がない程度の量であるに違いない。

すべての中国産食品は毒であり、中国製品は危険だ、という情報を鵜呑みにしてはいけないのである。

中国への依存は不可避

戦後の日本は「貿易立国」を国是《こくぜ》として、輸出の拡大に努めてきた。繊維製品、洋食器、玩具の輸出から始めて、やがて家電製品、そして自動車が日本の輸出拡大を支えてきた。日本が輸出の拡大に一生懸命努めてきたのは、日本経済が外国からの輸入なしにはやっていけないからである。

日本は石油をはじめとするエネルギーを、海外に依存しなければやっていけない。主食も米以外は外国から輸入しないと足りない。そして、それらを輸入するためには、何かを輸出してカネを稼がなければならないのだ。

輸出を一生懸命に拡大し、しかもより付加価値の高いものへ転換していくことで、日本は豊かになった。そして富裕化するとともに経済のサービス化が進み、国内総生産の七割を第三次産業が占めるようになった。働き手の大部分はそうした第三次産業に引きつけられ、衣服、家電製品、家具、玩具などの工場には働き手が集まりにくくなった。

そこで日本の企業は、アジアに工場を展開するようになる。まず衣服や繊維、玩具などの産業が日本を去り、続いて家電産業も、日本よりもアジアで多くの工場を開設するようになった。

最初は台湾、次いで東南アジアに工場を移転したが、やがて中国が門戸を開放。すると、日本企業も進出先として中国を高く評価するようになった。そこには労働力の圧倒的な豊富さと賃金の安さ、技術の習得や創業に対する中国人の意欲の強さ、さらには中国の政情の安定や、外国企業の受け入れに対する熱心さなどがあったからだ。

そして多数の外国企業の進出に刺激され、中国国内でも企業の創業が活発化した。浙江《せっこう》省や広東《かんとん》省、天津《てんしん》市などに産業集積が形成され、非常に安価な製品を世界に供給し始めた。こうした展開を経て、日本の最大の輸入相手国が中国になったわけである。

日本が様々な製品を中国からの輸入に依存しているのは、こうした一連の流れから生じたことである。中国からの製品輸入によって、日本の消費者は製品が安く買えるという恩恵に浴している。もし中国製品を避けようとすれば、ものによっては今の数倍の金額を支払わなければならない。割り箸、玩具、自転車のように、中国への生産の一極集中が進んでいるものは、入手そのものが困難になるだろう。

二〇〇九年五月、メキシコから始まった新型インフルエンザの世界的流行のなか、日本では人々が使い捨てマスクを買い込んだため、店頭から一時的にマスクが消えてしまう事態に陥った。使い捨てマスクも、中国の工場から輸入している製品の一つである。あのような緊急事態では、普段は「中国製だから買わない」といっている人でも中国製を買わざるを得ないし、おそらく何の躊躇《ちゅうちょ》もなく買っていたのではないだろうか。

中国の存在が日本経済を活性化させる

このように、様々な製品を中国からの輸入に依存することは、日本にとって不可避であり、必然的なことだと思える。「中国なし」の生活は、もはやあり得ないのではないだろうか。

ではなぜ、「できることなら中国製は避けたい」と考える日本人が多く、また「チャイナフリー」という言葉が流行るのだろうか。

一方で、アメリカには小麦や飼料作物など、重要な農産物を依存しているのみならず、パソコンのOSや主要部品、旅客機など戦略的にも重要なものを依存している。それにもかかわらず、アメリカへの依存を不安に思う日本人が少ないのはなぜだろうか。

結局、それは日本人が中国という国自体に不安感、ないし不信感を持っているからだ。中国は日本と政治体制が大きく異なっている。民主主義体制の日本と違って、中国は共産党一党独裁の体制であり、言論の自由も十分に保障されていない。このように日本とは異質な国に、いろいろな製品の供給を依存していていいのか、と心配する人がいるのは理解できる。

しかも、過去に日本が中国を侵略し、多くの被害を与えた歴史があるため、中国には潜在的に日本に対する反感を持っている人も少なくない。そしてこれまでにも、何年かに一度、それが反日行動という形で噴出してきた。毒ギョーザ事件が日本で大きな衝撃を持って受け入れられたのは、もしかしたらそれが「反日行動」なのではないか、という連想が働いたからではないだろうか。

ただ、政治体制についていえば、韓国、台湾、タイなど、日本との経済関係が深いアジアの民主主義国と比べた場合、一九九〇年代から今日にかけての中国の政治的安定度は際立っている。

一九八九年の天安門事件という激動があったため、その後も中国はいつ不安定化してもおかしくないと見る人が多かった。特に一九九七年に、最高実力者だった鄧小平《とうしょうへい》氏が亡くなるまでは、「ポスト鄧小平」に大きな政治変動があるのではないか、と懸念する声も大きかった。

だが二〇〇二年には、中国の最高権力者である中国共産党総書記の座が、平和裡に江沢《こうたく》民《みん》氏から胡錦濤《こきんとう》氏に譲られるなど、結果的に見れば中国の政治は極めて安定している。少なくとも、日本と中国との貿易関係に支障が出るような変動はなかった。

今後、中国が仮に民主主義体制になるとすれば、むしろそのときにこそ、中国の政治が不安定化する可能性がある。中国では、経済力が高まり、国民が自信を深めるにつれ、ナショナリズムが強まる傾向が見られるからだ。

二〇〇五年春に、北京などで反日デモが起きたことは記憶に新しい。あれは共産党政権側がやらせたものだ、という見方をする人も日本にはいる。しかし実際には、中国の国民のあいだで高まるナショナリズムの暴走だった。そして、政権側はそうした暴走を警戒しているのである。

中国の政情が不安定化し、日本における中国からの輸入に影響を与えるリスクがまったくないとはいい切れない。しかし、前に述べたように、「中国製」は中国だけで作っているのではなく、そこには日本を含めいろいろな国で製造されたものがかかわっている。「中国製」は世界各国の相互依存のなかで生み出されているのだ。そして、どこの国も政情不安や天候不順などのリスクから無縁ではない。

むしろ逆に、経済の相互依存が深まり、どの国もほかの国から切り離されてはやっていけない状態にあることが、国家間の関係を極端に悪化させない上での防波堤になるだろう。経済的利益を損なうという不利益を考える理性があれば、どの国も国家間の関係をこじらせるような愚行を思いとどまるはずだ。

日本が中国に多くの製品を依存していることは、恐れるべきことではない。むしろ、それは日本経済の活性化につながり、今後も日本と中国が外交面でも良好な関係を保持する礎でもあるのだ。

【著者略歴】
丸川 知雄（まるかわ　ともお）
1964年、東京都生まれ。87年、東京大学経済学部卒業。同年アジア経済研究所入所。2001年4月より東京大学社会科学研究所助教授、07年4月より同教授。主な著書に、『現代中国の産業―勃興する中国企業の強さと脆さ』（中央公論新社）、『労働市場の地殻変動』（名古屋大学出版会）、『市場発生のダイナミクス―移行期の中国経済』（日本貿易振興会アジア経済研究所）など。主な共著に『中国発・多国籍企業』（同友館）、『現代アジア研究3　政策』（慶應義塾大学出版会）などがある。

「中国なし」で生活できるか
～貿易から読み解く日中関係の真実～

2009年11月30日　第1版第1刷発行

著　者　　丸川　知雄
発行者　　江口　克彦
発行所　　PHP研究所

東京本部　〒102-8331　東京都千代田区一番町21
ビジネス出版部　TEL03-3239-6257（編集）
普及一部　TEL03-3239-6233（販売）
京都本部　〒601-8411　京都市南区西九条北ノ内町11
PHP INTERFACE http://www.php.co.jp/

編集協力　　仲　広明（スタジオ・ジップ）
組　版　　mi工房
装　丁　　芦澤　泰偉
印刷所
製本所　　図書印刷株式会社

ISBN978-4-569-77385-8